每天一个

探案推理

游戏

亚娟◎编著

中国纺织出版社有限公司

内 容 提 要

探案推理游戏是一种具有高度刺激性和挑战性的思维游戏，在扑朔迷离的案件中，在环环紧扣的故事情节中，好奇心被引爆，大脑的马达高速运转，单向思维、逆向思维、发散思维和创造性思维也都随着逻辑推理的深入被一一开启。因此，多做探案推理游戏，可以活跃思维、挑战智慧，最大限度地激发推理潜能，提高智商。

本书所选游戏集科学性与趣味性于一体，力求全方位、多层次地进行深度剖析，最大限度地锻炼读者的思维能力。通过这些游戏，读者可以逐步形成解决问题、辨别真伪、开拓创新的思维体系，并且在思考中学会做人，在故事里懂得道理。

图书在版编目（CIP）数据

每天一个探案推理游戏 / 亚娟编著. -- 北京：中国纺织出版社有限公司，2023.9
ISBN 978-7-5180-9392-2

Ⅰ.①每⋯　Ⅱ.①亚⋯　Ⅲ.①智力游戏—青少年读物
Ⅳ.①G898.2

中国版本图书馆CIP数据核字（2022）第044285号

责任编辑：邢雅鑫　　责任校对：高 涵　　责任印制：储志伟

中国纺织出版社有限公司出版发行
地址：北京市朝阳区百子湾东里A407号楼　邮政编码：100124
销售电话：010—67004422　传真：010—87155801
http://www.c-textilep.com
中国纺织出版社天猫旗舰店
官方微博 http://weibo.com/2119887771
三河市延风印装有限公司印刷　各地新华书店经销
2023年9月第1版第1次印刷
开本：710×1000　1/16　印张：11
字数：126千字　定价：49.80元

很多孩子之所以喜欢看侦探推理书，是因为侦探推理书可以让青少年朋友的思维更加敏捷，也可以培养青少年朋友的逻辑思维能力。此外，在侦探推理书中，他们还可以学习到很多知识，增长自己的见识。

在这个充满悬疑的世界里，哪怕是一个不起眼的细节，诸如一根头发丝，或者是一杯可乐中沉底的冰块，或者是嫌疑犯漫不经心说出来的一句话，或一不小心做出来的某一个动作等，都会给破案提供思路。爱读侦探悬疑小说的孩子，一定会在阅读的过程中专注和用心，不放过每一个字，也不放过每一个细节，因为唯有捕捉到所有的信息，才能顺利地侦破案件。当然，最初阅读本书的时候，一定会感到只凭着自己的推理去侦破案件是很困难的，这是因为有思维定势在影响思路，局限孩子们的侦查范围。相信随着不断地阅读本书，对于侦破案件会变得越来越敏感，思路也会更加清晰。这是学习的过程，也是提升的过程。

很多孩子都以福尔摩斯为偶像，殊不知，福尔摩斯也并非天生就能侦破各种案件。没有人天生具有火眼金睛，更没有人能够天生就看透一切。在洞察真相的背后，是一次又一次地拨开层层迷雾，看到迷雾之中隐藏的各种线索。只有把如同散落的珍珠一样的千头万绪串联起来，才能提高破案的效率，加快破案的速度。

阅读侦探推理小说，还可以培养和提升孩子们的专注力与观察力。相信在读完本书之后，原本粗心大意、大大咧咧的孩子们会变得用心细致，对于生活中的各种细节有更加敏锐的感受力。平日里，孩子看到鲜花只会一扫而过，但是如今他们会思考这种鲜花在什么时候开放，会释放多少二氧化碳；平日里，孩子对于从冰箱里拿出来的可乐不会进行更细致的观察，但是阅读本书之后，他们就会发现冰镇可乐和常温可乐的不同之处。专注力、观察力、思考力、逻辑力、推理力，都是与孩子的学习能力密切相关的。阅读本书之后，孩子一定会变得有所不同！

编著者

2021年10月

目录

第3章 谁是凶手

下 篇
不放过蛛丝马迹的证据，以严密推理还原真相

第4章 神机妙算的神探

第5章　思维缜密的推理

第6章　不可缺少的证据

上篇

对每一个与案者验明正身，
用事实证明无辜还是有罪

第 1 章
谁是罪犯

被冤枉的朋友

艾米丽刚刚在保险公司买了定期寿险，才过去几天的时间，就毫无征兆地死亡了。艾米丽的保险业务人吉拉德觉得事情发生得很蹊跷、很离奇，为此向公司汇报了情况，让公司请了有"神探福尔摩斯"之称的警长来负责调查此案。

警长马上开始了解情况。吉拉德告诉警长："看起来，艾米丽是被她的朋友朵拉杀害的，因为朵拉是艾米丽生前最后见到的人，而且我们怀疑朵拉和艾米丽的丈夫有奸情，所以她才会杀害艾米丽。不过截至目前，我们还没有发现朵拉和艾米丽丈夫的任何偷情证据。"了解完情况后，警长决定去见一见目前最大的嫌疑人朵拉。

朵拉看到警长到来，马上辩解："我的确是最后一个见到且见证艾米丽死亡的人，但是我和艾米丽是最好的朋友，我完全没有理由杀害艾米丽。我也觉得艾米丽的死很奇怪，可我想不清楚其中的原因。"警长安抚朵拉："我只是来了解情况的，我知道没有哪个凶手会让自己留在凶杀现场，并且主动报案。你能详细向我描述一下案发当时的情形吗？"

朵拉一边回忆一边讲述："当时，我和艾米丽相见，她的丈夫很细心地为我们准备了鲜榨橙汁。我的杯子里冰块比较少，艾米丽的杯子里冰块比较多。艾米丽觉得她的橙汁太凉了，我提出和她交换，她的丈夫说不用，并主动喝掉了艾米丽杯子里的一部分橙汁，又为艾米丽的杯子注满了橙汁，说这样就没有那么凉了。随后，她的丈夫就离开了，而艾米丽喝了橙汁没多久就倒地身亡了。我怀疑橙汁有问题，但是艾米丽的丈夫已经离开了现场，我又觉得没有证据怀疑他。"警长听完朵拉的讲述，说："你不是凶手，我很确定，但是艾米丽的丈夫有很大的嫌疑，尽管他有不在场的证据。"那么，警长为何怀疑艾米丽的丈夫呢？

真相

　　艾米丽的丈夫虽然喝了杯子里的饮料，证明当时饮料是没有问题的，而且还在喝了饮料之后离开了现场，有不在现场的证据，但是这并不意味着这起谋杀案与他无关。冰块融化需要一定的时间，如果艾米丽的丈夫是在冰块融化之前喝了饮料，又在饮料里加入更多常温的橙汁，加快了冰块融化的速度，则艾米丽喝饮料的时候，冰块正好融化，释放了毒素，那么艾米丽喝了饮料之后，自然就会毒发身亡。而作为艾米丽的丈夫，他的作案动机也是很明显的，因为他是艾米丽定期寿险的受益人。

察心·钵让罪犯浮出水面

　　"吴中四才子"之一的祝枝山有一颗夜明珠，这颗夜明珠又大又亮，价值连城。一天傍晚，祝枝山的夜明珠不翼而飞。要知道，祝枝山对于这颗夜明珠非常重视，看守十分严密，外人是没有办法靠近夜明珠的。祝枝山很清楚，夜明珠一定是被家里人偷走的，所以他决定使用计谋，逼偷走夜明珠的人主动现身。

　　祝枝山把全家人都召集到祠堂，对大家说："我的夜明珠丢了，我很清楚，偷走夜明珠的人就在你们之中。我决定用另一个宝物来试探你们，找到真正的小偷。这就是我的传家宝——察心钵。这个钵能洞察人心，知道每个人的心里在想什么。心怀坦荡的人摸这个钵，只会感到清凉温润；而做了亏心事的人，一旦摸了这个钵，手马上就会被粘住，无法拿下来，而且还会内心惊慌，忍不住大叫。"说完这番话，祝枝山就让每个人都走上前去触摸这个钵。钵在暗处，通体漆黑。所有人都摸了钵，但并没有人大叫，这个时候祝枝山命令下人点燃火把，屋子里变得灯火通明。祝枝山检查每个人的手，发现大家手上都黑漆漆的，只有一个人的手掌非常干净。祝枝山马上让下人把这个人抓起来，说："他就是偷走夜明珠的贼。"那么，祝枝山为何断言手掌干净的人就是贼呢？

真相

　　祝枝山拿出来的只是一个普通的钵，并不是所谓的"察心钵"。他之所以这么说，就是为了让偷东西的人害怕，不敢触摸钵。另外，祝枝山之所以把钵摆放在暗处，就是因为他提前在钵上涂抹了煤灰，这样一来，一个人就算是很轻地触摸钵，也会沾染满手的煤灰。可真正的贼因为心里有鬼，根本不敢触碰这个"神奇"的钵，所以才会暴露了自己，被祝枝山识破。

谁偷了公文包里的现金

有一辆列车从南方出发，目的地是北京。这辆列车途经南京，准备停靠10分钟。当列车停靠的时候，坐在一张桌子两侧的4位乘客不约而同地离开了座位。在列车启动之前，这4位乘客又回到了座位上。这个时候，准备去往北京的乘客惊呼："谁偷了我的1万元现金？"乘警闻讯赶来，开始对整个车厢的人进行排查。

丢失现金的乘客说："我刚才只是去找列车长问了一下有没有空余的卧铺，想着很快就会回来，所以就没有带走公文包。没想到，也就几分钟的时间，我公文包里的钱就不翼而飞了。"针对距离这位乘客最近的其他3位乘客，乘警展开了调查。第一位乘客说："我刚才去相邻的车厢看了下朋友，他买票的时候没有和我一起买，相差了一小会儿，被安排到相邻的车厢去了。"第二位乘客说："我想着这一站停靠的时间比较长，就去站台上呼吸一下新鲜空气，也活动活动腿脚，坐车实在太难受了，我的腿和脚都有些浮肿，活动活动才觉得好受些。"第三位乘客说："我肚子不太舒服，刚才去卫生间了。没有发现有谁来到座位这里，帮不上你的忙。"

听到第三位乘客的话，乘警当即对第三位乘客说："你和我去列车办公室一趟，我有些问题需要详细问问你。"很快，乘警经过盘查，确定了第三位乘客就是偷钱的人，并从他身上搜查出来1万元现金。那么，乘警是如何作出判断的呢？

真相

通常情况下，火车在停靠站台的时候，是不允许使用卫生间的。有过乘坐火车经验的人都知道，在火车到站之前，乘务员会把卫生间的门都锁上。由此可见，第三位乘客说自己在列车停靠的时候去了卫生间，完全是在撒谎。为此，乘警断定第三位乘客有问题，便把第三位乘客带到办公室里进行审问。

白色康乃馨

乔安娜是一名独居的寡妇，她的丈夫曾经是一个富有的商人，在离世的时候，为她留下了很多的遗产。乔安娜虽然没有工作，但是只靠着遗产就能过很好的生活，不用为生计发愁。

然而，厄运并没有放过乔安娜。在5月的第二个星期天，也就是传统的母亲节那天，邻居发现平日里总是出来取牛奶的乔安娜没有出门，便去敲门喊乔安娜，却发现房子里没有任何声音。邻居觉得很反常，当即报了警，警察和物业的安保人员一起进入乔安娜的家，才发现乔安娜躺在屋子中间，腹部被刺中，鲜血流了一地，已经死去多时。原本餐桌上的花瓶被碰掉在地上，白色、粉色和黄色的康乃馨掉落一地，可让人惊讶的是，乔安娜的手中紧紧地握着一枝白色康乃馨，似乎想告诉人们什么。

经过一番排查，警察发现有两个嫌疑人，这两个人一个是乔安娜的养子，另一个是乔安娜的女婿。乔安娜的养子目前正遭遇财务危机，如果是他杀死了乔安娜，一定是垂涎乔安娜的财产。而乔安娜的女婿和乔安娜的女儿出现了婚姻危机，如果他是凶手，说不定是迁怒于岳母呢。如果你是警察，你将如何断案呢？

真相

在西方国家，每当过母亲节的时候，有孩子的母亲会收到红色的康乃馨，而没有孩子的母亲则会收到白色的康乃馨。乔安娜在被杀害之际，手中死死地握住白色的康乃馨，正是在告诉人们，杀死她的是从小就失去父母的养子。

谁是偷画册的贼

威廉年轻的时候就很喜欢绘画，尤其喜欢收藏各种名家画作。退休之后，威廉便用自己收藏的那些作品开了一家画廊。威廉对于这些作品非常珍视，简直把它们当成了命根子。为了维持画廊的运作，威廉还兼营卖画的生意。他有很多好的画册，是作为商品出售的。一直以来，威廉的生意都很不错，且经营画廊赚的钱比他的退休金高多了。

这一天，天下着大雨，生意非常冷清，威廉也不着急，只是一边收拾店里的画册，一边唱着歌。整个上午，只有邻居玛丽太太来过，后来一位许久没有联系的同事戴维也来逗留了片刻。然而，当这两位顾客都离开之后，威廉发现自己珍藏的一本画册不翼而飞了。威廉很着急，马上去警察局报了案，并且在警察的陪同下去拜访了玛丽太太和那位同事。没想到，玛丽太太当即很生气地把威廉和警察赶了出去，还说这样的怀疑是对她的侮辱。到了同事家里，威廉说明来意，同事说："很抱歉，我的确没有看到你说的那本画册。我整个上午都很疲惫，因为我忘记戴眼镜了，所以每拿起一本画册，都要将其放在眼前，还要瞪大眼睛，才能看得清楚。"对于同事的话，威廉表示信任。正在此时，同事突然说："不过，今天我在挑选画册的时候，发现在另一个书架那里，有位女性拿起了这本书。"威廉激动地问："你看清楚那位女性的样子了吗？"同事摇摇头，这个时候，警长对威廉的同事说："先生，你可以做出选择，看看是你主动交出画册，还是我们亲自把画册搜出来呢？"在警长先生的声色俱厉之下，同事乖乖地把画册交了出来。

真相

　　警长如何断定威廉的同事就是偷走画册的人呢？这是因为威廉的同事说起话来前言不搭后语，明显是在撒谎。对于同事而言，如果他连眼前的书都看不清楚，又如何能隔着书架看清楚一个人正拿着丢失的画册呢？这样自相矛盾的说法，正说明了他在撒谎，试图撇清自己的嫌疑，推卸自己的责任。这样的小心思，在火眼金睛的警长这里，自然经不起任何推敲。

狗为什么咬主人

　　作为古董家和收藏家，杰斯家里就像是一个小型博物馆，收藏颇丰。一次偶然的机会，杰斯认识了古董鉴赏专家詹姆斯，两人一见如故。杰斯不但把自己最近

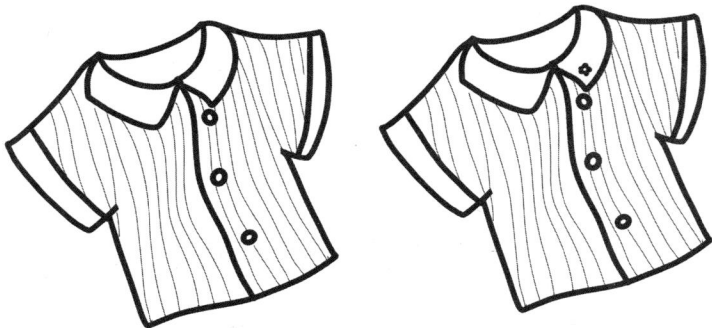

收藏的几件宝物展示给詹姆斯看，还热情地邀请詹姆斯到他家里留宿。詹姆斯垂涎杰斯的宝物，便在夜深人静的时候，偷偷地潜入储藏室，想要偷窃。

杰斯听到异样的响动，马上起床查看情况，最后和詹姆斯扭打在一起。家里的狗也被惊动，赶来帮忙。可让杰斯奇怪的是，狗却帮了倒忙，非但没有去撕咬坏人詹姆斯，反而对着杰斯狂吠，扑到杰斯身上。在狗的帮助下，詹姆斯带着几件古董成功逃离了现场。杰斯马上报案，并且通知了保险公司。保险公司对于杰斯刚刚给古董投保，就引狼入室导致古董失窃的事实表示怀疑，坚持认为杰斯和行窃者是一伙的，目的就是骗保。杰斯百口莫辩，求助于警长："警长先生，您一定要为我主持公道啊！"警长也很疑惑："按理来说，你养的狗不应该咬你，而帮助坏人。"警长的目光停留在杰斯被狗咬碎的睡衣上，问杰斯："这件睡衣是你的吗？"杰斯点点头，随即又摇摇头："这件睡衣是我给客人穿的，我的睡衣领口有一朵小花，是我妻子亲手绣上去的。"警长恍然大悟，对保险公司的人员说："这起案件是真实的，你们必须照价赔偿！"那么，警长将如何解释小狗咬伤主人的事件呢？

真相

　　詹姆斯对于盗窃宝物已经做好准备，他把带有自己气味的睡衣给杰斯穿，而自己则穿着杰斯的睡衣。在黑暗中，小狗看不清楚谁是主人、谁是坏人，只能凭着气味去帮忙，结果咬伤了主人，而放走了坏人。

浴缸里的死亡真相

周末，警长准备去看望老朋友福特。他在出发之前给福特打了电话，告诉福特自己将会在半个小时后到达。一路上畅通无阻，警长准时到达福特家里，是管家开的门。

警长在客厅里等着，管家去通知福特，然而，几分钟之后，管家惊慌地来告诉警长："主人在浴室里洗澡有半个多小时了，我刚才去敲门，浴室里没有任何回应。我担心，主人是不是……"警长火速冲到浴室门口，猛地踹开了浴室的门。果然，福特在浴缸里溺亡了。然而，法医在进行检查之后，发现福特的肺部有大量的海水，而浴缸里的水应该是淡水。警长怀疑地看着管家，管家说："不关我的事情。你知道的，海边距离这里需要一个小时的车程，而且你半个小时前给主人打电话，主人还亲自和你说话呢！我就算是驾驶飞机，也不可能在这么短的时间里把主人带到海边淹死，再带回来！"听完管家说的话，警长仔细检查浴缸周围，发现浴缸的边缘有一些白色粉末。警长马上拈起这些粉末品尝，果然，正如他所猜测的那样，这些粉末是海盐。

警长当即命令警员：拘捕管家，带到警察局进行审讯。那么，警长是如何得知管家就是凶手的呢？

真相

在家里没有其他人来的情况下，管家用海盐把浴缸里的水变成海水，又把福特摁到浴缸里淹死，所以福特的肺部才有大量的海水。然后，管家把浴缸里的海水都放出去，又在浴缸里放入很多淡水，以此来混淆警长的破案思路，掩盖事实真相。只可惜，管家没有清理干净浴缸边缘的海盐，启发了警长。

自动弹射的毒针

莱顿教授最近研发出一套新的机械图纸，就在准备公布于世的时候，他的图纸丢失了。这套图纸有着巨大的经济价值，而且制作的难度很大，只有莱顿教授的专用机修工鲁椰才能把这套图纸上的机械制造出来。在图纸丢失的第一时间，教授就找到鲁椰谈论关于图纸的事情。

莱顿教授和鲁椰在办公室里进行沟通，没说几句，教授的助手就拎着一个热水壶走进来，为教授和鲁椰各沏了一杯咖啡，又在水壶里加入了一些冷水，然后把水壶放在燃烧的炉子上，就离开了。在助手离开之前，教授还叮嘱助手要把门反锁上。鲁椰喝了半杯咖啡，觉得脑袋昏昏沉沉的，眼皮也总是往下耷拉，不一会儿，他就不能自控地昏睡了过去，很久才醒过来，这个时候他发现教授靠在椅子上，已经死去，脖子上有一根长长的针。鲁椰很害怕，马上试图打开门，却发现门还保持着助手离开之后的反锁状态，而且窗户也都密闭着。凶手到底是怎么进来的呢？鲁椰打开门求救，助手第一时间赶到现场，看到教授被谋杀，当即要求鲁椰不能离开，必须等着警长到来。鲁椰害怕极了，一个劲地向助手解释："我昏睡过去了，不知道教授是怎么死的。"助手冷笑着说："屋子里只有你和教授两个人，别人根本无法进去，不是你还能是谁？你为什么要杀害教授？"

警长到场后，分别对鲁椰和助手进行了询问，又对现场进行了仔细的勘查。在看到水壶上的软木塞时，警长若有所思，对助手说："你有很大的嫌疑，必须配合我们回到警局进行调查！"那么，警长发现了什么呢？

真相

在整个案件发生的过程中，只有助手曾经进入屋子，为教授和鲁椰提供了咖啡，又反锁上门离开。警长经过观察发现，热水壶上反常地塞着软木塞，而且热水壶的口对着教授，软木塞上还有一个针眼。众所周知，物体有热胀冷缩的特性，在热水壶里的水被烧开之后，软木塞上的针就会被蒸汽的力量推出去，刺入教授的脖子。再加上针是有毒的，这就导致教授中毒身亡。而喝了咖啡昏睡的鲁椰恰巧错过了这一幕，成为了替罪羊。所以，这起凶杀案的凶手就是助手。

无形的杀手

有一座古堡荒废已久，主人因为古堡所处的位置非常荒僻，所以很少在古堡里居住，而只让一个管家看守着古堡。一次偶然的机会，管家在古堡里挖出了一个纯金的皇冠，一时之间，大家都说古堡下面隐藏着大量的宝藏。很多有钱人都争先购买这座古堡，希望能够从古堡下面挖掘出更多的宝藏，而那些没钱的人垂涎宝藏而不得，在强烈欲望的驱使下便想出各种办法，甚至想要不择手段获得古堡。

杰克逊夫妇首先买下古堡，他们当即雇佣了很多人对古堡掘地三尺。为了方便挖掘，他们夫妇晚上就住在古堡里看守着，但是才入住一个星期，杰克逊夫人就开始出现失眠、狂躁等情况。半个月后，杰克逊夫妇便濒临崩溃，甚至是自相残杀，最后失去了生命。然而，宝藏的诱惑力是很强的，后来，又有人以高价买下古堡。可让人惊讶的是，那些买下古堡的人接连发生意外，不是去世，就是被亲人杀死，或者无端发疯。这座古堡被蒙上了神秘的面纱，很多人都说古堡里有索命的恶鬼。偶尔有狗经过古堡附近，也会不停地狂吠，就像被恶灵附体一样。

很多人退却了，不敢再靠近古堡。最终，有个胆大的、不信邪的年轻人希比买下了古堡。他在入住古堡之后，第一时间就在古堡里里外外展开侦察，结果在古堡附近的荒草里发现了很多和收音机相像的东西。他马上联系警方前来勘查，警方经过调查发现，这些东西是一个叫瑞秋的人放在古堡周围的。最后，警方确定瑞秋就是杀人犯，对瑞秋进行了逮捕。那么，瑞秋是如何杀人的呢？

真相

那些和收音机很像的东西，是一种能够发射次声波的装置。人听不到也感受不到次声波，但是次声波会伤害人的内脏，也会对人的精神产生很大的影响，使人精神狂躁、紧张焦虑，最终精神失常。瑞秋很穷，没有那么多钱购买古堡，为此就想出这个办法使古堡变成凶宅，让那些有钱人都对古堡望而却步，那么她就可以以低价购买古堡，挖掘宝藏。只可惜，瑞秋的阴谋诡计被胆大心细的希比识破了。

消失的弹头

萨尔茨是著名的盐城，盛产食盐。萨尔茨产出的盐，不但质量非常好，而且价格低廉。此外，萨尔茨还是个旅游城市，因为那些盐矿经过开采之后，就像巨大的溶洞一样，洞壁上依然有很多盐的结晶，当有灯光照射在上面的时候，就像在梦幻的世界里穿行一样，引人无限遐思。每到旅游旺季，就有很多游客前来参观旅行。

这一天，导游山姆带着游客参观，在游客的团体中，有个叫巴赫的男性游客总是在不停地吹嘘自己多么家财万贯。山姆隐晦地提醒巴赫不要炫耀财富，因为很可能会有窃贼混迹于如织的游人之中。巴赫对此不以为然，依然炫耀着。次日，山姆集中游客，要带他们进入最大的盐洞参观，却迟迟不见巴赫到来。山姆产生了不

消失的弹头

好的预感，赶紧去巴赫的房间敲门，但是无人应声。山姆让酒店的管理人员通知警长，警长到场后，和酒店管理人员一起打开房门。果然，巴赫倒在房间的地上，心脏位置有子弹射入的伤口。

法医马上对巴赫进行了尸检，发现巴赫的后背没有被子弹贯穿的弹孔，但是又没有在巴赫体内找到子弹。警长感到匪夷所思：子弹去哪里了呢？经过一番思考，警长恍然大悟，很快就以消失的子弹为线索，缩小了嫌疑人的范围，找到了真凶。那么，子弹到底去哪里了呢？

真相

在盐都，凶手未必要使用真正的子弹来杀人，而是可以用盐结晶来制作子弹，这样当子弹射入死者的体内后，很快就会被血液溶解。这样一来，法医在对尸体进行尸检的时候，自然无法找到子弹。想明白这个道理，警长只需要把目标锁定在那些有机会用盐制造子弹的嫌疑人身上，即可快速破案。

一定能收到赎金的绑匪

作为当地赫赫有名的大富豪，摩天集团的董事长在一天傍晚突然接到了绑匪的电话："赶紧准备100万美金，否则你就见不到你的儿子了。"董事长只有一个儿子，他当即打电话到儿子的寄宿学校，证实儿子的确没在学校，心马上悬起来。人命关天，董事长不敢惊动警局，生怕会害儿子丢掉性命。思来想去，他决定聘用私人侦探来调查此事，作为两手准备，他也开始准备赎金，按照绑匪的要求，在最后时刻以普通邮递的方式将赎金寄往绑匪提供的地址。

私人侦探马上针对绑匪提供的地址进行了调查，结果发现绑匪提供的地址是假的。私人侦探不由得陷入沉思：假的地址，如何能够收到赎金呢？突然，私人侦探脑中灵光一闪，想到绑匪明确要求董事长必须以普通邮递的方式把赎金邮寄出去，为此马上找到了嫌疑人，而且救出了董事长唯一的儿子。那么，你知道嫌疑人是谁吗？

真相

绑匪明知道地址是假的，还要求董事长以普通邮寄的方式寄出赎金，这说明绑匪有十足的把握能够收到赎金，而不担心赎金会被别人拿走。这就意味着绑匪是负责普通邮寄业务的邮递员。

长了翅膀的赎金

一家银行的总裁接到绑匪的电话，说他的女儿被绑架了，要求他必须在次日中午12点之前把10万美元赎金放入公园的雕塑下面，否则就别想再见到女儿。总裁只有这一个宝贝女儿，为此当即向警局报案，又准备了现金，让司机在次日清晨把赎金放到指定地点。

为了避免打草惊蛇，总裁要求警长只能暗中埋伏，而不要轻举妄动，要在他的女儿安全回家之后，才能对去拿钱的嫌疑人进行抓捕。警方答应了总裁的要求，在公园的附近，尤其是公园雕像附近，布置了很多的警力进行密切监视。中午时分，总裁的女儿平安回到家里，总裁第一时间给警长打电话，要求对嫌疑人进行抓捕。警察们马上过去检查赎金的情况，却发现放在包里的赎金不翼而飞了，只剩下空空的包裹。然而，警察们整个上午都守在交易的地点，除了看到司机去放入赎金之外，再也没有看到任何人接触过赎金，而警长监视之严密，简直连只苍蝇都不曾放过。警长在经过一番推论之后，毫不费力地抓住了嫌疑人，追回了总裁的10万美元赎金，这到底是怎么回事呢？

真相

　　在连只苍蝇都不能逃开的交易地点，一个大活人如何能避开警察拿到赎金？那么真相只有一个，即司机就是绑匪。在送赎金去交易地点的时候，司机提前准备了一个和装满赎金的包裹一模一样的空包裹。这样一来，在不需要去取赎金的情况下司机就已经事先得到了赎金，等警察们去看的时候，赎金自然就不翼而飞了。

巧妙的射击

暑假到了，学校里大部分学生都离开学校回家度假了，只有射箭选手阿伦和阿蒙还在学校里勤学苦练。原来，他们之中的一个人将会在下个月代表学校参加射箭比赛，如果能够获奖，将会获得高额的奖学金和出国学习的机会。为此，他们谁也不想回家，都留在学校刻苦练习。

一天中午，阿伦被发现死在宿舍楼前的空地上。宿舍管理员第一时间发现了阿伦的尸体，赶紧通知了警长。警长到场后，查看了阿伦的情况，发现阿伦是背部中箭死亡的，而在阿伦身体下面，还有3枚面值挺大的硬币。警长首先怀疑阿蒙，但是经过询问，发现阿蒙整个上午都在宿舍里，他的宿舍就在二楼。这一点，得到了宿舍管理员的证实。看起来，阿蒙不具备杀人的条件。阿蒙自己也信誓旦旦地说："我要是想射中阿伦，只能射中他的胸口，怎么可能让箭拐个弯射中他的后背呢？"警长总觉得哪里不对劲，却没有明确的思路。

在对现场的各种证物进行调查的过程中，警长发现阿伦身下的3枚硬币上有阿蒙的指纹。警长问阿蒙："这3枚硬币是你的吗？"阿蒙点点头，警长说："你的硬币为何会出现在这里？"阿蒙不假思索地回答："也许是我昨天晚上上楼的时候掉落的。"这时，警长回想起当时看到3枚硬币的位置是在一处的，顿时茅塞顿开："只怕这3枚硬币是你故意放在那里引诱阿伦的吧，否则3枚硬币同时掉在地上，怎么可能没有滚散呢？你这个杀人凶手，为了击败对手简直无所不用其极啊！"那么，警长是如何断定阿蒙就是杀人凶手的呢？

真相

　　阿蒙想要射箭杀死阿伦，但是他在二楼，位于阿伦回宿舍走向的正前方，如果射中胸口，那么阿蒙的嫌疑也就太大了。为此，阿蒙故意在地上放了3枚金光闪闪的硬币，等到阿伦发现硬币低头去捡的时候，阿蒙就可以射中阿伦的后背，完美创造自己不可能作案的证据。

消失的古钱币

作为古钱币收藏家，阿杜很喜欢收集古钱币，也总是通过各种渠道购买古钱币。有一段时间，阿杜费尽周折购买了3枚很珍贵的古钱币，并且邀请好朋友鉴赏家鲁东来鉴赏。没想到，在阿杜把古钱币拿给鲁东鉴赏，然后离开房间去倒水喝的时候，古钱币竟然不翼而飞了。阿杜怀疑古钱币被鲁东藏起来了，鲁东当即表示愿意让阿杜搜身。然而，阿杜找遍了鲁东全身，也没找到古钱币，但仍坚持是鲁东趁机把古钱币藏了起来。鲁东百口莫辩，当即决定住在阿杜家里，一直到阿杜找到古钱币为止。

夜晚，鲁东突然想到也许是猫头鹰吃了古钱币。原来，阿杜喂了一只猫头鹰。鲁东建议阿杜杀掉猫头鹰找古钱币，却被阿杜拒绝了。阿杜说："猫头鹰同样是我的宝贝，如果古钱币不在猫头鹰肚子里，你能让猫头鹰死而复生吗？"被阿杜这么一说，鲁东就没再强迫阿杜杀掉猫头鹰。次日，一直苦思冥想古钱币去向的鲁东一起床，阿杜就告诉鲁东："我已经杀死了猫头鹰，但没有找到古钱币。"鲁东只得报警，把古钱币的丢失问题交给警长处理。

警长在询问了事情的全部经过之后，一时之间对于案件也没有明确的思路，只好先暂时收集材料，等回到警局再研究。周末，警长在调查另外一起案件的时候，认识了一位鸟类专家，因而说起这个案件中的猫头鹰。鸟类专家告诉了警长猫头鹰的生活习性，警长马上断定是阿杜藏起了古钱币，想要讹诈鲁东。那么，警长是如何作出这个推断的呢？

真相

猫头鹰是食肉动物，在吃了骨头等硬物后，会在排泄的时候随着粪便一起排出。阿杜一直养着猫头鹰，自然知道猫头鹰的这个习性，为此趁着鲁东不注意，把古钱币喂给猫头鹰，所以才不允许在当天晚上杀掉猫头鹰找古钱币，而在次日从猫头鹰的粪便里找出古钱币藏匿起来之后，又杀掉了猫头鹰，证明古钱币不在猫头鹰的肚子里。

顺理成章的谋杀

作为一名特工，波特奉上级的命令潜入国外，与埋伏在国外的一个内应迪瑞联系。可没想到，迪瑞是一个双料特工，他出卖了波特，使波特刚到国外就陷入圈套，被抓住。迪瑞和同伙把波特带到一楼，把波特捆起来，并且在波特身边放置了一个定时炸弹。随后，他们给波特下了迷药，让波特昏睡过去。

当波特从昏迷中醒来的时候，他发现身边的定时炸弹只剩下10分钟就要爆炸了。他声嘶力竭地喊叫着，但是在这个荒无人烟的地方，根本没有人能救他。就在距离炸弹爆炸还有2分钟的时候，波特突然发现捆住自己的绳索松动了，情急之下他挣脱绳索，当即朝着没有安装玻璃的窗户扑过去。次日，报纸上刊登了一则新闻："来自某某国家的游客，在游览的时候意外坠楼身亡！"波特是要求生的，为何反而坠楼身亡了呢？

真相

　　为了制造波特坠楼身亡的假象，迪瑞可谓是煞费苦心。他先是把波特带到一楼，让清醒的波特知道自己身处一楼，又当着波特的面让定时炸弹开始计时，然后把波特迷倒。之后，迪瑞悄悄地把昏迷中的波特转移到十几楼，设计好让波特在炸弹爆炸之前2分钟才仓促解开绳子，情急之下波特没有时间观察周围的情况，还以为自己依然在一楼呢，因而跳出窗口，坠楼身亡。其实，那个定时炸弹根本不会爆炸。

电风扇之谜

　　在一家旅馆里，发生了一桩离奇的凶杀案。一个女服务员在旅馆楼上的一个房间里上吊身亡。根据法医解剖的结果，女服务员并非上吊自杀，而是被勒死之后挂在吊扇上，伪造成自杀的假象。但是让人惊讶的是，这个旅馆的房间是典型的密室，门从里面拴住了，窗户等也都是从里面拴住的，而且窗台上有厚厚的灰尘，简直连一只苍蝇也无法飞进去。那么，凶手在作案之后是如何逃离现场的呢？

　　因为找不到凶手逃离的证据，所以这个案件最终很可能按照自杀定性。但是，警长不想让女服务员枉死，很想侦破案件，给女服务员一个交代。警长试验了很多办法试图从外面拨动门闩，可门闩纹丝不动。警长又想了很多可能性，但是都被实践推翻了。所以，凶手到底是如何做到密室杀人的呢？为了不破坏现场，窗户一直没有打开，整个房间里弥漫着死亡的气息，承受着破案压力的警长忍不住打开吊扇吹风。但没想到，房间里并没有电，即使警长打开开关，风扇依然纹丝不动。突然，一个念头在他的脑海中一闪而过，他一拍脑门，马上就去查看了这个房间的电闸，果然在走廊里。警长终于知道凶手是如何制造密室杀人的了。那么，你知道凶手是如何做到密室杀人的吗？

真相

凶手杀人之后，正是从正门离开的。他在离开之前，把细细的尼龙线系在风扇的转轴上，再把尼龙线的另一头系在门闩上。等到离开房间，凶手通过控制房间外面的电闸让风扇通电转动，牵动门闩拴住，等到风扇转动一段时间把尼龙线卷入风扇轴之后，再关闭电闸，这样就造成了女服务员密室自杀的假象。

独具匠心的走私犯

作为一个国际走私犯，帕特早就在警察局备过案了。警长始终盯着帕特，想要抓住帕特的走私证据，把帕特绳之以法，但是帕特非常狡猾，每次都做得天衣无缝，为此警长虽然知道帕特是国际走私犯，可还是对帕特无计可施。

最近，帕特又开始出入海关。第一次，帕特开着一辆崭新的汽车过海关，海关人员把这辆车的里里外外都检查了个遍，也没有发现什么违规物品。虽然在轮胎里找到了一些化石，但是那些只是很普通的化石，没有达到限制出境的程度。海关人员甚至认为帕特脑子不正常了，以这样的方式故意和海关人员躲猫猫玩。第二次，帕特又开着另外一辆崭新的高级轿车过海关，海关人员恨不得动用警犬来把这辆车闻个遍，但还是没有找到帕特的犯罪证据。第三次，帕特又要过关，警长实在按捺不住，便亲自出马检查帕特的汽车。在搜索了好几次都没有结果之后，警长一拍脑门，命令手下："马上抓捕帕特，这次我一定要让他吃几年牢饭！"那么，帕特走私的东西到底是什么呢？

真相

　　帕特走私的东西就是那些汽车。他之所以每次在汽车里故意藏匿一些不足以给他定罪的东西，就是为了转移海关人员的注意力，让海关人员不会关注到他的汽车。实际上，这个庞然大物才是帕特走私的对象，帕特也的确凭着这个独具匠心的方式成功地走私了好几辆汽车。

晚宴上的无形杀手

　　作为一名年轻的演员，酷比最近风头正盛，因为他主演的一部电影刚刚上映，就在电影节上获了奖。酷比的好朋友卢森夫妇特意为酷比举办了晚宴，庆祝酷比的影片大获成功。卢森虽然和酷比一起出道，但是名气却远不如酷比，所以他大概是想借此机会和酷比拉近关系吧。

　　宴会举办得非常成功，酷比不知不觉间就喝多了。虽然他的酒量很大，但是也架不住人们都恭喜他，给他敬酒。卢森夫妇看起来也很高兴，他们一直在周到地招呼客人。忙碌之余，卢森太太也不忘招待酷比。她端着一盘精致的糕点走向酷比，对酷比说："你这个未来的影帝可不要光顾着喝酒，也要吃点儿东西填补填补空虚的胃，这样才有助于身体健康。"就在快要走到酷比跟前的时候，卢森太太差点儿被绊倒，糕点一股脑儿地扣在了酷比浅色的晚礼服上。卢森太太拿起餐巾纸要帮酷比擦拭，卢森先生赶紧制止："这样擦拭，油腻的奶油反而更难清洗，不如直接去卫生间，用清洁剂清洗。"卢森太太说："有道理，有道理，看我都急糊涂了。要不你脱下外套，我去帮你清洗。"酷比说："不用，不用，我自己去洗，就着衣服擦拭一下即可。"

说完，酷比迈着踉跄的步伐走向卫生间，用清洁剂对衣服进行了简单的清洗。回到餐厅，酷比继续谈笑风生，和众人推杯换盏，然而才过去几分钟，他突然一头栽倒在地，不省人事。等到救护车到达现场时，酷比已经停止了呼吸。经法医鉴定，酷比死于中毒。警长经过详细周密的调查，断定卢森夫妇是杀人凶手，这又是为什么呢?

真相

　　人在大量饮酒之后，身体更容易吸收四氯化碳，导致中毒死亡。卢森夫妇为了杀死酷比，专门为酷比举办庆功晚宴，让人们都对酷比表示恭喜，给酷比敬酒。在确定酷比已经饮酒过量之后，卢森太太故意用糕点弄脏酷比的晚礼服，又说服酷比使用清洁剂来清洁衣服。清洁剂里含有四氯化碳，在清洁衣服的过程中，酷比吸入了无色无味、容易挥发的四氯化碳，因而回到客厅没多久就毒发身亡。

死神之笑

丽莎是动物园里的驯兽师，她虽然是身材娇小、非常温柔的女性，但是却很擅长驯养狮子、老虎等猛兽。动物园的老板很器重丽莎，因为丽莎驯养狮子、老虎等学会跳圈等有趣的节目，给动物园带来了巨大的收益。渐渐地，老板对于丽莎从器重到仰仗，再到爱慕，居然还与单身的丽莎传出了绯闻。正当大家以为老板夫人知道之后肯定会大发雷霆的时候，老板夫人却公开为丈夫和丽莎辟谣："丽莎是我们的家人，是我丈夫的妹妹，也是我的妹妹，还是我们最好的合作伙伴。我比我丈夫更加信任丽莎，也相信他们是比兄妹更亲的关系。"

丽莎得到老板夫人的信任之后，和老板之间的关系更加肆无忌惮，处处以兄妹相称，而且出双入对，从不避人耳目。当然，丽莎和老板夫人的关系也非常好。这次动物园外出演出，老板夫人也跟着一起，一路上和丽莎情同姐妹。有一场演出开始前，丽莎一直使用的化妆师因为身体不适，无法为丽莎化妆，老板夫人便自告奋勇要为丽莎化妆。老板夫人的化妆技能很高，把丽莎化得非常漂亮。演出过程中，丽莎和往常一样把头伸入老虎张开的血盆大口中，正在观众惊呼不已的时候，老虎突然表现出微笑的样子，一口咬断了丽莎的脖子。丽莎鲜血淋漓地倒在地上，老虎看着丽莎的样子显然也受到了惊吓，不停地伸出舌头舔着丽莎血淋淋的脸。出了这样的意外，马上有观众打电话给警长，警长在第一时间到达现场。

警长询问了在场的观众，大家都说没有异常。这个时候，有个观众问警长："警长先生，老虎会笑吗？"警长摇摇头，说："你为什么这么问？"观众陷入沉思，说：“在驯兽师把头伸入老虎的口中之前，我感觉老虎有一个奇怪的表情，就像人在微笑的时候那样嘴角上扬。”警长一拍脑门：“我知道谁是凶手了。”警长当即下令逮捕了老板夫人。

真相

　　老板夫人听到丽莎和老板的绯闻之后，早就对丽莎怀恨在心。只不过老板夫人很善于掩饰杀心，她借着化妆师身体不适的机会，给丽莎化妆，在丽莎身上留下了敏感的气味。当丽莎近距离接触老虎时，刺激得老虎忍不住打喷嚏，所以才会呈现出微笑的表情。

疾驰中的突然停车

　　夜深了，铁道安全员在正常巡视的时候，发现有人卧轨自杀，马上通知了警长。警长带着助手到达现场，对死者进行了检查，对现场进行了勘查，证实死者并非自杀，而是在服用大量安眠药之后被放在了铁轨上。那么，到底是谁与死者有着这样的深仇大恨，要置死者于死地呢？

　　警长在对死者的各种情况进行调查之后，认为正在与死者闹离婚的丈夫本山有很大的嫌疑。然而，本山有不在现场的证据。他告诉警长：“事情发生的时候，我正在列车上，还问过乘务员大概几点能到达终点站，怎么可能分身出去作案呢？”警长询问了作为证人的乘务员，乘务员表示很确定死者的丈夫在列车上，后来才发生了卧轨自杀事件。但在和警长闲谈的过程中，乘务员突然想起了什么，说：“那天晚上发生了一件奇怪的事情，在到达死者卧轨自杀的地点之前，列车被逼停过一次。那时，有乘客喊叫说列车撞到人了，列车长也觉得列车碾压在什么东西上，便当即停车查看情况，这才发现轨道上有一只死猪，可谓是虚惊一场。停了大概5分钟，紧急处理之后又开始行驶。"警长沉思片刻，说："事实正是如此！"警长马上抓捕了死者的丈夫。那么，死者的丈夫到底是如何行凶的呢？

真相

　　死者丈夫在给死者服用下大量安眠药后，把死者运到轨道上放好，然后利用事先准备好的死猪，赶在列车碾压死者之前的地方逼停列车，然后趁乱上车。为了让自己有不在场的证明，他还故意找到乘务员询问列车何时能够到达终点站，然后没过多久，列车就碾压了轨道上昏睡的妻子。

财迷心窍的皮杰

乔治是一个家财万贯的大富翁，他从未娶妻生子。眼看着自己已经风烛残年，乔治决定把财产留给两个姐姐家里的孩子。他还有个弟弟，不过他看不惯弟弟好吃懒做，所以决定不给弟弟留下任何遗产。他很早就在律师事务所立下了遗嘱，并把这件事情交给信任的律师马丁负责。

人在老年，生命总是无比脆弱，没过多久，乔治就因病离开了人世。就在乔治离开的次日，他的弟弟皮杰拿着一份遗嘱来找马丁，对马丁说："我知道我的哥哥在你这里留下过一份遗嘱，不过那份遗嘱已经作废了，这份遗嘱才是真正有效力

的。这份遗嘱是哥哥前段时间刚刚立下的，而且手续齐全。"马丁检查了皮杰手中的遗嘱，发现遗嘱上的确有乔治的亲笔签名和盖章，而且日期也是新的。马丁询问皮杰："请问，您是从哪里得到这份遗嘱的？"皮杰说："我是在哥哥家里的《圣经》中找到这份遗嘱的。在他临终之前，告诉了我这份遗嘱保存的地方，就在《圣经》的第273页和274页之间。"听到皮杰的回答，马丁马上找来一本《圣经》，问皮杰："就是这个版本的《圣经》吗？"皮杰点点头。马丁打开《圣经》的第273页和274页，对皮杰说："你现在可以当着我的面把遗嘱放进去吗？否则，我有理由断定你是在撒谎。"皮杰羞愧得无地自容，赶紧拿着伪造的遗嘱离开了。

真相

在《圣经》里，第273页和274页是一页的两面，中间根本没有办法放下任何文件。虽然皮杰把遗嘱伪造得可以以假乱真，但是他的谎言却出卖了他。

"出卖"凶手的驾驶座

汤姆失业了，他一下子没有了经济来源，生活变得很拮据。无奈之下，他就这样勉强地生活了半年，原本微薄的积蓄也全都花光了，生活变得更加捉襟见肘，无以为继。这个时候，汤姆想起自己曾经在婚姻存续期间给妻子买过一份定期寿险，虽然如今已经离婚了，但是这份寿险的受益人还是他。他不由得产生了歹念，决定要杀死前妻，获得保险公司的赔偿。那可是一笔很大的金额，就算汤姆没有工作，也可以凭着这笔钱过上很好的生活。

一个周末的晚上，汤姆做好一切准备之后，便邀请前妻来他的家里做客。他引诱前妻喝下掺杂着安眠药的红酒，在前妻昏睡过去之后，把前妻扛到车子上，自己开车带着前妻去了湖边。到了湖边，汤姆把前妻放在驾驶座上，系好安全带，自己则坐在副驾驶的座位上，然后松开手刹，在车子即将滑落到湖里的时候，他打开副驾驶一侧的车门，顺利逃出车外。

次日，有人发现了坠入湖里的车辆和汤姆前妻的尸体，当即报了警。警长马上联系了汤姆，问汤姆："这是你的车子吗？"汤姆点点头，说："是的。我的前妻向我借用了车子，但是她的驾驶技术非常好，不可能坠入湖底的！"汤姆表现出震惊的样子，假装关心地继续问："我的前妻呢？她还好吗？"警长说："她已经死了。请问先生，您的身高是多少？"汤姆显然没有想到警长会问这个问题，脱口而出："1.9米。"警长若有所思，小声说着："难怪，我说怎么相差30厘米呢，这么解释就很合理了。"汤姆不知所以地看着警长，心里非常紧张："警长先生，身高和这个案件有什么关系呢？"警长说："死者的身高只有1.6米，和你的身高整整相差30厘米，所以这辆车子的驾驶人根本不是死者，死者是被人谋杀的。"汤姆震惊地看着警长，瞠目结舌，不知道该说些什么。警长对汤姆说："我们要拘留你，你必须配合调查，说出真相！"

真相

开车的人必须根据自己的身高调整驾驶座，汤姆和前妻的身高相差这么多，此前汤姆是按照自己的身高调整驾驶座的，在把前妻移到驾驶座之后，汤姆忘记把驾驶座调整到符合前妻身高的位置，所以，汤姆是被驾驶座"出卖"的。

贼喊捉贼

一家公司的财务负责人打电话给警长，紧张急迫地对警长说："我们的财务室遭到了抢劫，损失惨重。"警长第一时间赶到这家公司，见到了财务负责人。警长问财务负责人："请你描述一下被抢劫时的情况。"财务负责人说："今天晚上轮到我值班，看守现金。大概在半小时之前，办公室里突然停电了，我很紧张，赶紧联系大厦物业来修理电路。就在我挂断电话没多久，便有一伙人冲了进来。他们直接冲到财务室，用电锯打开了保险柜，抢走了100万元的现金和公司里的10根金条。"

警长去检查保险柜的情况，发现保险柜里还剩下一些零碎的钱。警长问财务负责人："你看清楚抢劫者的长相了吗？他们为什么没有伤害你？"财务负责人说："我看到他们冲进来，借着黑暗的掩护，躲藏到了储物柜里。不过，他们为首的人打着手电筒，我借着手电筒的光看到他的脸上有一条长长的刀疤……"警长打断财务负责人的话："然后你做了什么？"财务负责人说："我一直躲在这里，给你们打完电话，我担心他们会折返，就没敢出去，等着你们过来。"警长说："快说说吧，你把监守自盗的100万元现金和10根金条藏到哪里去了？"那么，警长如何知道窃贼就是财务负责人呢？

真相

财务负责人在撒谎，他说从抢劫犯入门他就躲藏在储物柜里，直到警长抵达。那么，他又是如何得知窃贼抢走了什么呢？唯一的理由就是，财务负责人贼喊追贼，是他自己趁着停电偷窃了保险柜里的东西，又编造出入室抢劫的情节来报案，为自己开脱罪责。

水不会说谎

作为一名畅销书作家，蒂娜每天都在绞尽脑汁构思各种各样的故事，只希望能够吸引广大的读者。有一天，蒂娜回到家里，正巧走廊里的电灯坏了，她情不自禁地想起自己在小说里构思的情节：周围黑漆漆的，一个黑影出现在她的身后……蒂娜不由得感到毛骨悚然，突然感觉到自己的身后真的有个黑影，她惊慌之余拿出包里的水果刀，朝着黑影刺过去。

扑哧一声，蒂娜感觉到水果刀刺中了黑影，而且有温热的液体流出来。蒂娜赶紧打开手机查看情况，这才发现黑影是大楼管理员。因为蒂娜刺中了管理员的心脏，所以管理员当场死亡。蒂娜感到很惊慌，虽然她是出于自卫，但是黑影并没有对她做出过分的举动。蒂娜紧张地思考着逃脱的办法，她当即把家里的电路保险丝烧毁，然后悄悄地离开家，去了宾馆居住。

次日很早，蒂娜就接到了警长的电话，要求她马上回家。蒂娜回到家里，装作一无所知的样子，在从警长口中得知大楼管理员被刺杀之后，蒂娜表现出极度的震惊。警长问蒂娜："管理员是昨天晚上被刺杀的，你这几天一直住在家里吗？"蒂娜连连摇头，说："我家里的电路保险丝烧坏了，我就住到父母的家里了，有3天晚上都没有回家了。"警长说："原来是这样，那么你一定有不在现场的证据。天气真热，我口渴了，可以给我一瓶水吗？"蒂娜如释重负，赶紧打开冰箱拿了一瓶水给警长。警长喝了一口冰冷的水，脸色突变，对蒂娜说："我想，你需要和我解释一下你为何要撒谎！"蒂娜被警长识破，非常紧张，语无伦次地说："我没有……没有……没有撒谎！"警长拿着冰冷的水示意蒂娜："水不会撒谎，那么就是你在撒谎！"所以，警长是如何知道蒂娜在撒谎的呢？

按照蒂娜所说，她家里的电路保险丝已经烧坏3天了，这也就意味着冰箱也断电3天了，那么冰箱里的水为何依然是冰冷的呢？原来，是水说出了真相。

老驴识途

年轻时，包拯去陈州放粮。闲来无事，他为了了解民生，便常常去集市上观察民情，体验生活。有一天，他在集市上遇到一个老头和一个少年正在争吵，他们都争抢着牵一头驴，谁也不愿意退让。包拯经过一番询问，了解了情况。

原来，少年3天前牵着一头驴来集市上叫卖，想要换钱给他的母亲治病。因为一时肚子疼，他就把驴拴在树上，自己钻入小树林里方便。谁知道，等他从树林里出来，毛驴已经不翼而飞了。少年非常着急，他的母亲还等着卖驴的钱救命呢。他一连在集市上找了3天，都没有发现毛驴的踪迹，而就在今天，他发现自己的驴被这个老头牵着，为此当即拉着毛驴，非要和老头说个清楚。老头呢，也说这头驴是自己的，所以死活也不愿意把驴给少年。看着老头和少年各执一词，包拯计上心来。包拯当即让手下把毛驴牵到空旷的草地上吃草，然后任由毛驴独自回家，由此确定了谁是毛驴真正的主人。

真相

养了多年的毛驴，已经能够认识回家的路，在距离家不远的地方，毛驴根据记忆很容易就能找回家里去。

工整的字迹

警长正在休假，和家人一起乘坐飞机去旅行。行程过半，飞机遭遇了强烈的气流，乘客们都很恐慌，全都坐在座位上不敢动。正在此时，一名乘客突然叫喊道："救命，救命啊！"警长循声赶到，查看情况，发现和惊呼的乘客坐在一排的男乘客，心口插着一把尖刀，已经死去了。

乘务员马上把这件事情报告给机长，机长在和地面塔台取得联系后，决定把这起案件交给警长处理。警长和这位乘客周围的几个乘客都进行了交谈，也询问了乘务员事发时的情况，却一无所获。不过，那个喊救命的乘客给出的回答让警长隐约觉得有些不对劲，但是警长一时之间又想不出来哪里有问题，只好先不动声色地安抚了大家。而此时，飞机突然又剧烈颠簸了一下，警长险些被自己拿着的笔戳中眼睛，他的脑中不由得灵光一闪："飞机颠簸得如此剧烈，那个尖叫的乘客却说他一直在伏案疾书，记录旅途的见闻，因而对于周围发生了什么浑然不知。那么，他书写也一定很困难吧！"说着，警长对那位乘客说："可以把您刚才记录的旅途见闻给我看看吗？我想得脑袋疼，很需要一些文学的营养来让自己放松下来。"那位乘客当即拿出自己的游记本，探长翻看了每一页，发现所有的字迹都很工整。于是，警长问乘客："您刚才记录的是最后一篇吗？"乘客点点头，说："记录的正是我在上飞机前的最后一站，在加拿大的旅行见闻。"警长微笑着说："您可真是一个勤奋的作家！"

说完，警长走到驾驶舱，对机长说："凶手就是那位喊救命的乘客，安排乘务员在下飞机之前把他控制住，让地面安排警力到场。"那么，警长如何断定那位喊救命的乘客就是凶手的呢？

真相

　　飞机在气流中产生颠簸，作为乘客，想要拿起笔写出工整的字几乎不可能。由此，警长断定这位喊救命的乘客是在撒谎，很有可能他手里拿着尖刀，因为飞机突然间剧烈颠簸，导致他不小心刺中了相邻而坐的乘客。

被顶包的小狗

　　有一天，杰克正在书房里看书，突然响起了猛烈而又急促的敲门声。杰克赶紧过去开门，发现邻居米莉太太气鼓鼓地站在门口。米莉太太可是出了名的难缠，杰克忍不住心里打鼓，不知道米莉太太怒气冲冲准备干什么。果然，米莉太太冲着杰克吼道："看看你家的狗干的好事情，把我的腿咬伤了！"说罢，米莉太太便把裤管撩得高高的。杰克看到膝盖上的伤口后，问道："请问，我家小狗是什么时候把你咬伤的？"米莉太太说："当然就是刚才。"

　　杰克又问："刚才，您在干什么呢？你是卷起裤子在河里摸鱼吗？"米莉太太丈二和尚摸不着头脑，对杰克说："你在胡说什么呢？我可是淑女，怎么会下河摸鱼呢，而且我也没有把裤管卷起来。"杰克如释重负，说："那么，你还是找真正咬你的小狗去吧，你腿上的伤口肯定不是我家小狗留下的。你很清楚，你的伤口是怎么来的。"米莉太太看着杰克胸有成竹的样子，赶紧灰溜溜地走了。

真相

　　要想把米莉太太的膝盖部位咬伤，小狗就要钻入米莉太太的裤管里，这显然是不可能的。或者就是米莉太太卷着裤管在外面走路，露出膝盖，这样小狗才有可能咬伤她的膝盖，但是她亲口否认了这个可能性。那么，小狗是如何在裤子完好的情况下，咬到米莉太太膝盖的呢？米莉太太其实是穿着睡裙在家的时候被自家的狗咬伤了，想来讹杰克，让杰克带她去医院打狂犬疫苗。

装入1000万日元的钱包

有个女孩的父母去世了，给她留下了一笔遗产，还有一个非常贵重的古董花瓶。而女孩的叔叔早就垂涎这个古董花瓶了，所以在哥哥嫂嫂尸骨未寒之际，就找到女孩说想要看一看花瓶。女孩不好意思拒绝叔叔的请求，就把花瓶借给了叔叔，等到次日，女孩去找叔叔讨回花瓶的时候，叔叔却对女孩说："昨天，我已经以1000万日元的价格向你买下了花瓶，而且都付过钱给你了。"女孩当即否定："叔叔，我没有同意把花瓶卖给你，而且也没有收下你的钱。"但是叔叔拒绝把花瓶还给女孩，无奈之下，女孩只好求助于警长。

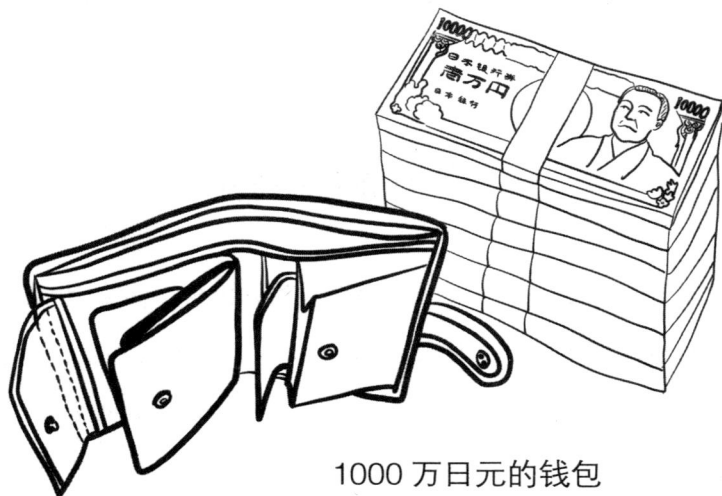

1000 万日元的钱包

在警长的陪伴下，女孩再次来到叔叔家里。这一次，叔叔对警长说："警长先生，我的确已经为这个花瓶付过钱了，而且仆人可以作证。"警长问仆人："你亲眼看到你的主人付钱给这个女孩了吗？"仆人点点头，说："是的，我的确看到主人从钱包里拿了1000张日元给她，而且每张钱币的面值都是1万日元。"警长许久没有说话，陷入沉思中。叔叔不由得沾沾自喜，警长对叔叔说："我可以看下您的钱包吗？"叔叔不知道警长的葫芦里卖的是什么药，就把钱包拿出来给了警长，警长看到钱包后，突然面色严肃地问："请问，你可以告诉我如何把1000张面值为1万日元的纸币都装入这个扁扁的钱包里吗？如果不能，请把花瓶还给这位可怜的女孩，况且，你还是她的叔叔呢，怎么能对自己的晚辈这么残酷无情！"说罢，叔叔乖乖地把花瓶还给了女孩。

真相

叔叔口口声声说已经付了1000万日元给女孩购买了这个花瓶，而仆人也跟着作假证，说亲眼看到主人从钱包里掏钱付给女孩。然而，叔叔的钱包很小，根本不可能装入1000张面值为1万日元的纸币，这正告诉警长，不管是叔叔还是叔叔的仆人，都在撒谎，都在趁火打劫欺负这个可怜的女孩。

欲盖弥彰的照片

周末，警长难得休息一天，才9点就带着全家人出发去公园里玩耍，儿子对于即将进行的烧烤野餐非常期待。然而，9点半，他们到达公园后没过多久，天空就变了脸，从晴朗到乌云密布，再到大雨倾盆，只用了十几分钟的时间。正准备搭帐篷、点燃烧烤炉子的警长和家人只好躲到附近的凉亭里。半个小时之后，雨停了，儿子有些沮丧，警长看了看手表，对儿子说："才10点一刻，我们完全可以尽兴地享用烧烤。正好下了场雨，空气变得更加清新怡人了。"在警长的一番安慰下，儿子才转忧为喜，高兴起来。

11点，羊肉串已经冒出香喷喷的味道，让人忍不住流口水，可惜警长一串肉串都没来得及吃，就接到了警员的电话。原来，一个老妇人被发现死在家里。警长只好让家人继续野餐，而自己驱车赶往案发地点。半个小时后，警长到达案发地点，警员告诉警长："老妇人大概10点钟被杀，平日里没有仇人，家里也没有丢失什么东西。"警长问："她的亲人呢？"警员说："她的丈夫前几年去世了，给她留下一大笔遗产。她没有子女，只有一个侄子。"警长当即要求传唤老妇人的侄子库克去警察局接受问询。到了警察局，警长问库克："你知道你的姑妈今天被害了吗？"年轻人点点头，表现出深恶痛绝的样子，说："这些坏人太可恶了！"警长不为所动，问："今天上午你在哪里？"库克当即回答："今天是周末，10点钟，我正在公园里散步，就在湖边！"说着，库克还拿出一张照片，照片上的他沐浴着阳光，显得神采奕奕，而照片上的时间显示当时正是10点。警长突然声色俱厉地训斥年轻人："你就是凶手！你这个丧心病狂的家伙，居然为了早日得到遗产，杀害了疼爱你的姑妈！"年轻人正想为自己辩解，警长轻蔑地说："可惜你机关算尽，到头来聪明反被聪明误。"

真相

10点，公园里正在下雨，警长和家人都焦急地等着雨停烧烤呢！所以年轻人提供的不在场证明显然是假的，是在天气晴朗的时候就提前伪造好的。他一定没想到今天预报的是晴天，却偏偏突然间下起了雨，而且这场雨来得快去得也快，偏偏暴露了他杀人的真相。

被冰封的真相

作为一名地质学家，帕克每年都有大量的时间不在家里，而是在荒郊野外四处勘探地质情况。因为独自一个人居住，家里还有很多贵重的化石，所以帕克特意拜托邻居帮忙照看家里。这一次，帕克又走了好几个月才回来。这天，他正朝家里走去，就看到邻居迈特惊慌地朝着他跑过来，帕克顿时产生了一种不好的预感。果然，迈特对帕克说："帕克，你终于回来了，昨天晚上，你家里遭了窃贼，丢失了很多贵重的东西。"

听到这个消息，帕克来不及回家，就赶紧去警察局报案。警长和帕克一起回到家里，警长问迈特："你能描述下昨天晚上发现窃贼时的情形吗？"迈特说："昨天晚上，我有些感冒发烧，所以早早地就睡了。睡到半夜时分，我依稀听到有响动，赶紧起床查看情况。我听到声响是从帕克家里传出来，就走到窗户底下隔着玻璃朝里看。天气很冷，玻璃上有一层冰，我看不清楚里面的情形，还以为是帕克回家了呢。结果今天早晨一看，帕克家里就成这样了。"警长看着窗户，陷入了沉思，问："昨天夜里窗户上有冰吗？"迈特点点头："冰还挺厚的。"警长问迈特："你这样贼喊捉贼，对得起帕克的信任吗？"迈特显然惊住了："警长先生，您这话是什么意思？昨天晚上窗户上的确有很厚的冰，是太阳出来了，冰才化了。"警长说："跟我去警察局吧，希望你还没有把监守自盗的东西卖掉，可以归还给帕克先生。"那么，警长怎么知道迈特就是那个贼呢？

真相

冬天极度寒冷的情况下，屋子里的热气和水汽因为遇到冰冷的玻璃窗，就会凝结在玻璃窗上。然而，帕克家里已经有几个月没有住人了，屋子里既没有热气，也没有水汽，因而就算天气再冷，窗户上也不会凝结出厚厚的冰。另外，次日太阳出来，窗户上就算有冰，可在融化后，也会有很多的水汽和水渍，但是帕克家的窗户上显然没有。这就说明迈特只是看到自家窗户上有冰，就编造了这个谎言来敷衍帕克。

穿睡衣的太太

凌晨2点钟，警长正在警察局的值班室里酣睡，电话铃声突然响了起来。在静谧的夜里，电话铃声显得那么刺耳，把警长吓得从床上一跃而起。电话里，传来一名女性焦急的声音："是警察局吗？"警长回答："是的。请问您需要帮助吗？""我丈夫被杀了，我家在杨德大街55号。"警长穿上外套打开房间的门，一股冷风马上灌了进来，警长忍不住把脖子一缩："这该死的鬼天气，什么时候杀人不好，偏要在这个时候杀人！"车子里也冷得像冰窖一样，警长哆哆嗦嗦地发动好汽车，马上打开暖气，足足过去好几分钟，车子里才有了点儿暖气。

警长开足马力，只用了半个小时就到达案发现场。他使劲敲门，很快，一个

穿着睡衣的太太打开了门。警长进入房子里，一边摘掉帽子围巾，解开大衣的扣子，一边问："是你报的案吗？"太太点点头："我丈夫在楼上。"警长问："他是怎么死的？"太太脸色惨白："我也不知道。我们看完电视已经11点多了，和往常一样一起入睡。后来我起床去了洗漱间，回来时看到他张着嘴巴躺着，被人杀害了。"警长继续问："还有其他异常吗？"太太指着楼下打开的窗户说："我报案之后，发现这扇窗户是敞开着的，我担心上面会有指纹，就没有动。"警长走到敞开的窗户跟前，看了看窗户外面，发现一切正常，并没有攀爬的痕迹。他一回头，看到太太穿着单薄的睡衣，因而对太太说："我可以和您握下手吗？"太太伸出手，探长感受到太太手掌的温度，突然冷冷地说："法医很快就会赶到进行尸检。不过，我倒是建议您能投案自首，而不要等到证据俱全再说出真相。"那么，警长是如何知道太太就是杀死丈夫的凶手的呢？

真相

　　在严寒的冬日里，凌晨2点气温正低，简直达到滴水成冰的寒冷。案件发生的房屋里，一打开门就有扑面而来的热气，穿着睡衣的太太丝毫没有表现出寒冷的样子，而且手也是很温暖的，但是她却告诉警长楼下的窗户已经开了至少半个小时。那么，屋子里的温度为何没有下降呢？由此可以证明，窗户是太太刚刚打开的，只是为了混淆警长断案的思路而已。

驴唇不对马嘴的口供

　　星期三的上午，负责送快递的皮特来到史密斯先生家里，他把车停在车道上，用了5分钟的时间进行收取快递的登记，然后才下车，准备把快递送到附近的几家。他之所以把车停在史密斯家门前，是因为史密斯家的快递最多。正当他抱着箱子准备送快递的时候，皮特发现自己的汽车轮子压到了通往花园的橡胶水管。皮特当即把箱子放在地上，并把汽车往后倒了几米。看到史密斯家的车库门开着，他就索性把车子暂时停在史密斯家的车库里，毕竟他有好几家快递要送呢！没想到，车子刚倒入车库，皮特就看到史密斯太太躺在车库的地上，似乎昏了过去。皮特马上下车去呼唤史密斯太太，但史密斯太太没有任何反应。皮特很惊慌，赶紧呼救。这个时候，史密斯先生跑过来，看到史密斯太太的样子不由得惊慌失措，一个劲地摇晃着史密斯太太。皮特这个时候恢复了冷静，先是打电话呼叫救护车，又打电话通知了警长。

　　救护车到场，在对史密斯太太进行一番检查后，宣布史密斯太太已经死亡了。警长和皮特沟通之后，知道皮特所说的都是真话，于是开始和史密斯先生沟通。警长问："史密斯先生，案发的时候，您在做什么？"史密斯先生说："我在花园里给草坪浇水。高压水枪的声音很大，我什么都没听到。"警长："你一直在浇水吗？"史密斯先生毫不迟疑地点点头："是的，到听见皮特的呼喊声，我大概有半个小时都在浇水。""难道你浇水的时候，没有发现任何异常情况吗？"警长冷冷地问。史密斯先生回答："没有，我就看到快递车先是停在门前的小道上，后来又倒入车库，因为我和皮特很熟悉，知道他很快就会开走，所以就没有和他交涉。"警长继续追问："除此之外呢？还有其他意外情况吗？"史密斯先生摇摇头。警长忍不住冷笑道："史密斯先生，请不要再撒谎了！我不会给你更多的时间坦白罪行。"那么，警长如何判断出史密斯先生在撒谎呢？

真相

　　皮特的快递车停在门前的道路上时，皮特在车上填写取件单子，花费了大概5分钟时间，直到下车之后，他才发现车轱辘压在了通往花园的橡胶水管上。汽车很重，所在在轮胎压住水管的这5分钟里，管道里的水流是被截断的。而史密斯先生却信誓旦旦地说自己在半个小时里一直在给草坪浇水，还说没有任何异常，这就充分证明了他是在撒谎。

散落的文稿

在辽阔的平原上，有一列火车正在疾驰。火车里显得空空荡荡的，座位上稀稀拉拉坐着几个人。和坐票车厢相邻的，就是卧铺车厢，卧铺车厢里的人更是少得可怜。在一个卧铺房间里，工程师贝尔正在和徒弟洛克探讨即将举行的研讨会。而在这次研讨会上，贝尔准备公布自己数年来潜心研究的成果，并且进行万众瞩目的主题演讲。因为贝尔十分重视这次演讲，所以即使在火车上，贝尔也时不时地和洛克讨论，完善自己的演讲稿。

列车快要进站了，洛克很嫉妒老师取得的成就，他想把老师的研究成果据为己有，却知道这不可能的。所以趁着贝尔去卫生间的时候，洛克做了坏事。等到贝尔回来的时候，洛克正在捡散落一地的文稿。贝尔着急地问："这是怎么回事？"洛克说："很抱歉，老师，我觉得太闷热了，就想把窗户打开通通风。没想到，风一下子就涌了进来，把文稿吹得四处飘散。"贝尔蹲下来和洛克一起捡起文稿，整理之后，发现缺少了两页最重要的文稿。无奈之下，贝尔只好求助于乘务员，希望乘务员能去其他的卧铺房间里找一找。乘务员一边和洛克挨个卧铺房间找文稿，一边对洛克说："你还是把藏起来的文稿还给老师吧，看他多么着急！"洛克惊讶极了：乘务员怎么会知道真相呢？

真相

　　高速行驶中的火车，车厢里的气压很大，一旦打开车窗，那些比较轻的东西就会被吸到窗外。由此可以推断，洛克说打开窗户把文稿吹散到地上是根本不可能的，是他亲手把文稿散落在地上，造成被风吹落的假象，也因为嫉妒老师，所以趁乱藏了两页文稿，这样老师在次日的演讲中就会遇到很大的阻碍。

世界上真的有透视眼吗

　　这天中午，警长和往常一样开着车进行巡视，驶到一个小胡同里的时候，突然听到胡同深处传来呼救的声音。警长马上下车奔向胡同深处，看到一个穿着商场制服的女性正坐在地上，惊慌失措地捂着自己的后脑勺。经过一番询问，警长知道这个女性叫莉莉，在附近商场的珠宝专柜工作。她来这里，是因为要去给一位客户送清洗好的珠宝。没想到，她刚走到垃圾堆旁，就被人打了一记闷棍。莉莉心有余悸地说："幸亏劫匪没有继续打我，等我回过神去看的时候，他已经拿着装珠宝的小包一溜烟地跑了。"警长问："你看到劫匪的样子了吗？"莉莉摇摇头："没有，他跑得很快，就像一溜烟，我只看到他穿着一条深蓝色牛仔裤，上身是一件酒红色开衫。"

　　警长按照莉莉的描述，赶紧组织警员对附近展开地毯式排查，毕竟丢失的珠宝比较贵重。很快，警长就锁定了两个嫌疑人，一个嫌疑人是在附近上班的罗杰，穿着蓝色牛仔裤和酒红色开衫。警长询问罗杰："中午，你经过这条胡同的时候，为什么要跑？"罗杰说："我和朋友一起吃午饭，不知不觉忘记了时间，

世界上真的有透视眼吗

险些迟到。而且我不想被扣薪水，所以就只能拼命狂奔。"另一个嫌疑人是个流浪汉，也穿着蓝色牛仔裤和酒红色开衫。警长问流浪汉："你哪来的这件衣服？"流浪汉说："我从垃圾堆里捡的。"警长看着流浪汉手中和莉莉描述一致的珠宝袋，问："那你哪来的这个袋子？"流浪汉说："也是从垃圾堆里捡的，不过里面是空的。"听了流浪汉的回答，警长恍然大悟，赶紧再次审讯莉莉："莉莉小姐，我认为你一定知道那些珠宝的去向！"那么，警长为何断定莉莉就是犯罪嫌疑人呢？

真相

　　莉莉告诉警长她被人从后面打了一记闷棍，但是当她回过神去看的时候，嫌疑人已经跑了。因此，她没有看清楚嫌疑人的脸，而只是看到嫌疑人穿着蓝色牛仔裤和酒红色开衫。然而，这个世界上，并没有人有透视眼，可以通过观察他人的背后就知道他人衣服在胸前位置是什么样式。由此可见，莉莉是在监守自盗，把珠宝转移之后，又把珠宝的盒子和符合她描述的一件开衫丢入垃圾桶，从而让警察被她牵着鼻子走。

🎭 不会撒谎的猎犬

在一个偏僻的乡村小镇里，大多数人都靠打猎为生，为此镇子上的每家每户都有枪。然而，对于枪支的管理是警务机构的重中之重，所以每天都有负责值班的警长和警员一起去街道上巡逻，以保证小镇的安全和秩序。这一天，约瑟夫值班，他和警员一起在街道上走着，警觉地四处巡视，不愿意放过任何危险因素。

突然，在距离约瑟夫两个街区之外的地方传来了一声枪响。约瑟夫马上朝着枪响的地方奔过去，发现镇上的流浪汉库伯倒在血泊中。约瑟夫吩咐警员："你站在这里保护现场，马上打电话通知警局，我这就去走访邻居。"

约瑟夫走访了好几户人家，可这些人家都是"铁将军"把门。如今正是旅游旺季，大家都去山上打猎，或者去山上卖东西给那些游客了。约瑟夫有些焦虑，但他没有放弃，而是继续走访，来到了瑞恩家里。瑞恩正在院子里坐着抽烟，吐出一个又一个大烟圈。约瑟夫隔着低矮的院墙问瑞恩："听到枪声了吗？"瑞恩回答："没有啊，什么枪声？"约瑟夫感到很困惑："我隔着两个街区都听到了枪声，难道你没有听到吗？"瑞恩看都不看约瑟夫，就答道："我外出打猎，才刚刚回来1分钟，都快累死了，哪里能听到枪声？"约瑟夫追问："你这么累，怎么不进屋休息？"瑞恩说："我想抽完之后，再进屋，不然屋子里会有烟味。"约瑟夫看着懒洋洋趴在地上休息的狗，说："你是带着猎狗去打猎的吗？"瑞恩点点头，说："是的。"约瑟夫马上冲入院子里，掏出手枪对着瑞恩，声色俱厉地说："放下猎枪，跟我回警局配合调查！"那么，约瑟夫发现了什么，为何断定瑞恩就是嫌疑人呢？

真相

猎狗在打猎的过程中要不停地奔跑，追赶猎物，肯定非常疲惫，也会感到很热，为此刚刚打猎回来的猎狗不可能慵懒地趴在地上休息，而是会张大嘴巴、吐出舌头、气喘吁吁。通过观察猎狗，约瑟夫知道瑞恩在撒谎，又因为距离案发地很近的其他人家里根本没有人，所以撒谎的瑞恩自然就成了头号嫌疑人。

戴着眼镜的凶手

正值冬天，天气很冷，雪花飞舞。在这样的天气里，很多人都喜欢去温泉度假区旅游。一天晚上，警长正准备下班，突然接到了温泉度假区打来的报警电话："杀人了，杀人了！"警长马上驱车前往温泉度假区，刚到达发生杀人案的温泉餐馆，老板就迫不及待地向警长描述案发时的情形："太可怕了，太可怕了，简直就是幽灵！"

警长没有急于向老板了解情况，而是先观察餐馆内部的情形。餐馆里燃烧着两个火炉子，热力很充足。又因为一直在做饭，所以屋子里水蒸气很大，带着氤氲的雾气。警长观察了死者，发现死者趴在桌子上，面前是一份还没有吃的寿司。警长这才问老板："凶手是如何行凶的？"老板说："死的人是餐馆里的常客，他每天11点半下夜班，都会在12点来到店里吃一份寿司。今天，他刚点了一份寿司，还没来得及吃呢，凶手就从外面闯了进来，对着他的头就是一枪。我当时正在做饭。"警长问："你看到凶手的样子了吗？"老板回答："是的，今天服务生请假了，所以店里每次进来人，我都会看一看。凶手穿着风衣，戴着大口罩，还戴着墨镜。动作非常迅速，让人来不及反应。"听了老板的描述，警长笑了起来，说：

"老板，若要人不知，除非己莫为，你就是凶手！"那么，警长如何知道老板就是凶手的呢？

真相

　　餐馆里热气蒸腾，因而所有的窗户上都会有雾气和水汽，凶手不太可能通过窗户观察及确定死者的位置。当凶手从外面突然进入餐馆时，如果戴着眼镜，眼镜片冷冰冰的，那么进入餐馆后，镜片上必然会有一层雾气，因而根本不可能在进入餐馆的第一时间就瞄准死者的头。由此，警长断定老板是在撒谎，而老板撒谎的动机是为了掩饰他自己就是凶手。

红色的大龙虾

　　夏天到了，有一家餐馆是经营大龙虾的，生意非常火爆，每天都顾客盈门。餐馆的老板是一个热心肠的人，每当生意不忙的时候，总是会接济周围的流浪汉，也会给乞讨者食物。一天傍晚，老板娘正准备收拾厨房迎接晚上的客人光顾，怎料刚打开厨房的门，就发现丈夫倒在厨房的地上，胸口插着一把尖刀。老板娘痛不欲生，赶紧打电话报警。警长很快赶到，老板娘对警长哭诉："警长，我的丈夫心肠非常好，从来没有得罪过任何人。为什么会惨遭横死，你们一定要主持公道啊！"

　　警长查看了尸体，又对饭馆进行了搜查，发现死者身上的现金和贵重物品都丢失了，而且餐馆里的现金也全都不见了。警长问老板娘："今天下午，有什么人来过店里吗？"老板娘回忆说："有个穿黑色衣服的人来过。"警长马上布置警力，对周边展开搜索，发现有个流浪汉穿着破破烂烂的黑色衣服。经老板娘指认，警长了解到老板曾接济过这个流浪汉。于是，警长对流浪汉展开了审讯："下午，你去过龙虾店吗？"流浪汉点点头，说："我的确去过龙虾店，但是我没干坏事。老板人很好，他看我很饿，就拿出一只红色的大龙虾放入锅里煮，还告诉我很快就能煮熟。"警长听了流浪汉的话，当即断定："别说了，你就是凶手！你这个可恶的家伙，居然对慷慨帮助你的人下手！"那么，警察怎么知道流浪汉就是凶手的呢？

真相

活的龙虾，虾壳是青色的，而不是红色的。流浪汉从未见过活的龙虾，只是看到过餐馆里扔出去的红彤彤的龙虾壳垃圾，为此他的谎言也就露了馅。他正是在接受老板慷慨帮助的时候，对老板的财富动了霸占之心，所以才把老板残忍地杀害了。

无边的黑暗

最近，因为夏季风暴的到来，很多供电设施都被风暴摧毁了，为此整个城市一直在轮流停电抢修。这天晚上，艾伦居住的公寓也停电了，整幢大楼都陷入黑暗之中。艾伦是个盲人，每天都要工作到很晚才回家。这一天，艾伦因为整个片区停电交通不便，所以回到家比平时晚了些，大厦管理员已经下班了。次日清晨，大厦管理员刚上班，就在楼梯上发现了艾伦的尸体。艾伦的手上只握着皮包的带子，而皮包却不翼而飞了。显而易见，这是一起抢劫杀人案。

有邻居提供线索，说在倒垃圾的时候，曾经看到同楼的一个男性卡夫和艾伦一起走入大楼。警长马上找到卡夫询问情况，卡夫装作很无辜地说："我的确是和艾伦一起走入大楼的，不过我可没害她，反而还帮助她了呢。因为停电，大楼里一片黑暗，艾伦又是盲人，行动更加不方便。所以我一直把她送到她家所在的楼层才离开，没想到她居然被杀了。我感到很悲伤，也很遗憾。"听了卡夫的话，警长总觉得哪里不对劲，但一时之间又想不明白到底哪里不对。这个时候，大厦管理员喊道："你就是凶手，是你杀了艾伦！"那么，大厦管理员为什么会这么说呢？

真相

艾伦是盲人，她生活的世界始终都是黑暗的，为此是否停电对于艾伦根本不会有任何影响，因为艾伦已经适应了黑暗。卡夫说的话显然是在欲盖弥彰，只可惜他为了表现出自己的乐于助人，忘记了艾伦已经习惯在黑暗中生活的特点。

掐死自己的人

杂技团里的演出形式很多，非常精彩，观众在观看演出的时候，会得到很多的欢乐。这一天，杂技团开始表演，和以往一样，台下坐满了观众。前面精彩的表演很快就结束了，轮到大力士托尼上台表演了。观众都很期待托尼的精彩表演，为此全都屏息凝气，等着托尼上台。然而，主持人已经报出节目很久了，却迟迟不见托尼的身影。同样作为马戏团里的演员，瑞德赶紧去后台寻找托尼。

几分钟后，瑞德气喘吁吁地告诉主持人："不好了，托尼自杀了！"主持人很惊讶，赶紧和其他人一起跑去查看托尼的情况。只见托尼双手紧紧地掐住脖子，倒在地上，表情狰狞而又痛苦。主持人马上报了警，警长赶到现场，询问第一个看到托尼的瑞德："你看到托尼的时候，情形是怎样的？"瑞德说："我看到他正掐着自己的脖子，我想把他的手掰开，但是怎么也掰不开。他是个大力士，而我的力气太小了，所以我赶紧去寻求帮助。但是当我们赶来的时候，托尼已经断气了。"听了瑞德的讲述，警长冷笑一声，对瑞德说："你的谎言很不高明，还是坦白交代你杀死托尼的经过吧！"瑞德大吃一惊，正准备狡辩，但看到警长犀利的眼神，又害怕地低下了头。那么，警长如何知道瑞德是在撒谎的呢？

真相

一个人即使力气再大，也有求生的本能，是不可能把自己掐死的。因为在感到窒息的时候，求生的本能会让人情不自禁地撒开手，呼吸空气。此外，一个人的双手想要掐死自己，所处的角度和发挥的力度都是不够的。从这两个方面考虑，可以知道瑞德是在杀死托尼之后，才去喊人求救的，目的就是掩饰他杀人的真相。

失踪的古书

周日，警长正在警局里值班，接到一个报警电话。报警人比特声称自己的家里遭到窃贼光顾，丢失了一本非常珍贵、价值不菲的古书。听得出来，报警人的声音很慌张，而且非常急促，似乎刚刚进行过800米长跑一样，上气不接下气。

警长知道比特。比特之前经济条件十分优越，喜欢收藏古代典籍，后来不知道遇到了什么困难，便把家搬离了富人区，住到了贫民区。警长一边开车出警，一边忍不住感慨："这可真是贫民区啊，每天都有失窃案、入室抢劫案发生，真是一刻也不消停。"到了比特的家，警长没有进门，就问比特："你是如何发现失窃的？"比特说："今天我下班回到家里，正准备推开家门进去，家里突然冲出来一个陌生人，手里拿着一本书。于是，我马上拦住他，和他扭打在一起，但是他力气很大，挣脱我就逃跑了。于是，我马上到电话亭打电话报警，好像就是您接的电话。"警长问："还丢失其他东西了吗？"比特摇摇头："我知道你们需要保护现场，所以报警之后就一直在门口守着，没有进去。"警长又问："只是一本古书而已，有必要这么紧张吗？"比特夸张地说："这可不是一本普通的古书。这本书是举世仅有的孤本，价值不菲，我平日里都把书锁在柜子里。没想到这个窃贼居然这么识货，带着工具把我的柜子撬开，把这本珍贵的书偷走了。"

警长和比特一起走入房间，看到书柜果然被撬开了。但看着比特并没有着急查看家里是否丢失了其他的贵重物品，警长不由得感到困惑："比特对于这次失窃怎么一点儿都不着急呢？"这么想着，警长灵光一闪，问比特："你给这本书投保了吗？"比特显然没想到警长会问这个问题，原本说话很流畅的他突然间支支吾吾起来："嗯嗯，是的，我买了……但是……"警长茅塞顿开："说说吧，你把书藏到哪里去了？保险公司的钱可不是那么好骗的，它们有最顶尖的侦探和破案高手。"那么，警长如何知道是比特把古书藏起来的呢？

真相

　　比特自称在报警之后为了保护现场，就没有进入房间，但是他对于窃贼的作案方式和手段却描述得很清晰，而且在警长的陪伴下走入家里之后，也没有第一时间检查家里的失窃情况，这是不符合常理的。

不合时宜的脚步声

在一座城市里，正在召开电子产品国际博览会，很多国家的电子龙头产业大佬都带着最高端、先进的产品和研创人员抵达了这座城市，准备参展，推出新产品，在国际市场上造势。在博览会召开期间，整个城市都戒备森严，警察局更是24小时待命，保证城市的安全。

可就在博览会召开的第一天，警长接到了报警电话。警长的心不由得提起来：最糟糕的事情发生了。原来，德国一家企业的老总前一天才抵达城市，入驻酒店，次日清晨就被发现死在酒店的房间里。到底是谁和老总有着深仇大恨，要对老总下手呢？报警的是老总的女秘书，按理来说，女秘书并不住在这家酒店，而是住在另外一家酒店里，那么她是如何知道老总死亡的呢？在警长的询问下，女秘书告诉警长："今天早晨，我正在和老总通电话，突然听到老总惨叫一声，随后就听到扑通倒地的声音。紧接着又听到了凌乱的脚步声，我意识到情况不妙，赶紧打电话通知酒店大堂去查看情况，得知老总遇害后，便给你们打了电话。"

警长巡视着房间的情况：这是一间豪华套房，不但有客厅、卧室，还有独立的书房、卫生间和观景阳台。除了卫生间之外，整个房子都铺了厚厚的地毯，走起路来悄无声息，就像是走在棉絮上一样。警长原本是想查看凶手从哪里逃跑，便在屋子里走了几个来回，突然意识到女秘书的话有很大的漏洞。警长当即喝令女秘书："你就是最大的嫌疑人，请和我们回到警察局配合调查。"那么，警长如何断定女秘书有很大杀人嫌疑的呢？

真相

房间里铺着厚重的地毯，而女秘书却说隔着电话听到了凌乱的脚步声，显而易见，女秘书在撒谎，这说明女秘书或者是凶手，或者和凶手是一伙的，否则为何要扭曲事实呢？

牙科诊所里的凶杀案

君克医生是一名德国人，从小跟随父母来到美国，在美国长大，后来学医毕业，就在闹市区开了一家牙科诊所。他的医术很高明，很多人都喜欢来他的诊所里看牙，为此君克医生的生意十分兴隆。

一天上午，君克医生正在给老熟人蒂娜小姐看牙，突然听到身后诊室的门被打开了。君克医生以为是护士过来送补牙材料的，就没有回头查看情况，结果随着两声枪响，蒂娜小姐中枪身亡。君克医生赶紧回头查看情况，凶手却早已逃之夭夭，君克医生只看到了模糊的背影。

警长接到报案后马上去现场检查情况，但没有得到更多的线索，便在大厦里进行了调查。这时，清洁工提供了一个很有用的线索，说他在10点前后看到一个身材矮小、神色慌张的男人进入了牙科诊所。画像专家根据清洁工的描述，很快画出了嫌疑犯的图像，警长一眼就认出这个人是前几天刚刚从监狱里出来的亚都。亚都几年前因为抢劫入狱。

警长找到亚都，开门见山地问："你知道在君克医生的诊所里，有个叫蒂娜的患者被枪击身亡了吗？"亚都马上摇头："不知道，不知道！"警长继续追问：

"听到在闹市区发生这样的凶杀案，你难道丝毫不感到惊讶，也不想问问具体的情况吗？"亚都说："这与我有什么关系？"警长看到亚都拒不承认，问道："你与君克医生有什么冤仇吗？或者，你是否认识蒂娜小姐？"亚都马上摇头否定："我不知道什么君克医生，更不认识蒂娜那个老寡妇！"警长马上给亚都戴上手铐："你必须和我回警察局配合调查！"那么，警长如何断定亚都就是凶手的呢？

真相

　　亚都如果不认识蒂娜小姐，为何会知道蒂娜小姐是个寡妇呢？很有可能，亚都早就认识蒂娜小姐，而且跟踪蒂娜小姐到了君克医生的牙科诊所，并且对着蒂娜小姐开了枪。

米娜的鞋子

作为一名爱美的女性，米娜很胖，不太好买衣服，所以她非常热衷于购买各种漂亮的鞋子。渐渐地，她的鞋子越来越多，她把这些鞋子都整齐地收藏在柜子里，而且每种颜色的鞋子都有专用的箱子。

一天早晨，米娜被丈夫发现死在卧室里。警长在进行调查之后，发现最大的嫌疑人是米娜的丈夫和情人。最近，因为奸情败露，米娜和丈夫发生了激烈的争吵，也向情人提出了分手。警长在对米娜的个人物品进行调查后发现，米娜的鞋子都分门别类地放在不同的箱子里。让人惊讶的是，黑色的箱子里有3双黑色的鞋子和5双米色的鞋子，而红色的箱子里有4双绿色的鞋子和4双棕色的鞋子。这些鞋子全都码放得很整齐，每一双都精心摆放过。显而易见，凶手想从鞋子里找到什么东西，所以就把所有的鞋子都拿了出来，认真仔细检查过之后，才又放了回去。警长灵机一动，问："你们谁是色盲？"

米娜的丈夫脸上露出高兴的神色，当即指着米娜的情人对警长说："他是色盲！"米娜的情人不知道是怎么回事，反问："我是色盲，怎么了？"这时，警长突然指着米娜的丈夫说："你就是真正的凶手！"那么，警长如何断言米娜的丈夫就是凶手呢？

真相

　　显而易见，一个真正的色盲是无法把鞋子按照颜色摆放好的，虽然米娜的丈夫想要嫁祸于米娜的情人，故意把不同颜色的鞋子摆放在一个箱子里，但是，他显然把鞋子摆放得过于整齐，而忽略了色盲无法按照颜色把每一双鞋子都进行归类。因此，警长才断言米娜的丈夫是真正的凶手。

睡莲里的秘密

　　家人已经好几天都联系不上朱莉了，感到万分焦急，无奈之下只好报了警。警方四处寻找，调集了所有的监控录像，却没有任何线索。后来，有路人报警，说在路边的垃圾桶里发现了一具女尸。经过鉴定，警方确定这就是失踪的朱莉。得到警方的通知，家人连忙赶到警局，也确定女尸就是朱莉。在对尸体进行解剖之后，法医判断朱莉已经死去3天了。显而易见，垃圾桶不是杀人现场，那么朱莉到底是在哪里遇害的呢？

　　经过天眼搜索，警方发现朱莉在3天前曾和前男友一起去公园里的莲花池旁约会。警方询问了朱莉的前男友，对方否认杀害了朱莉。但是，很多证据都告诉警方，朱莉在死之前见到的最后一个人就是前男友。由于时间过去了很久，莲花池旁的证据已经被破坏了，所以警方一时无法找到确凿的证据证明是前男友杀害了朱莉。

　　作为该案的负责人，警长直觉地认为就是前男友杀了朱莉。为此，警长在莲花池旁边进行了掘地三尺的搜索，在看到一朵睡莲的时候，警长当即断定前男友就是凶手，并且把证据带回了警局。那么，警长是凭什么断定前男友就是杀害朱莉的凶手呢？

真相

在盛开睡莲的花瓣里，警长发现了朱莉的血迹。睡莲盛开能保持3~5天时间，朱莉遇害时的血液溅到睡莲花瓣上，并且渗透到花蕊里。等到花完全盛开，看到染透了鲜血的花蕊，自然可以还原出杀人现场鲜血四溅的情形。

扇子的秘密

很久很久以前，王生因为在家里赚不到钱，所以背起行李，带着家里七拼八凑而来的一些本钱，去了外地做生意。王生这一走，很久都没有回过家，妻子独自在家中生活，非常艰难。一天傍晚，天上下着雨，地上满是泥泞，王生的妻子被人发现死在家里。好像有人入室抢劫，遭到了王生妻子的反抗，所以贼人就把她杀了。警长闻讯赶来，在王生家里进行了搜查，在院子的墙根处发现了一把扇子，上面写着"赠赵四"。

赵四是村子里出了名的混混和无赖，整日游手好闲，好吃懒做。警长马上就派人把赵四抓了起来。无论警长怎么审讯，赵四就是不肯承认杀人。看着案件毫无进展，警长陷入了困境，非常紧张，也很发愁。妻子看到警长茶饭不思的样子，询问清楚案件的经过，对警长说："杀人者肯定不是赵四……"在妻子的一番分析下，警长豁然开朗，当即决定重新审理案件。没过多久，警长放了赵四，很快就成功地将真凶缉拿归案了。

那么，警长妻子说了什么，让警长破案的思路马上变得清晰起来，而且迅速

地把案件侦破了呢？原来，真正的凶手是王生。王生在外面做生意，喜欢上了一个妓女，为此想把糟糠之妻赶走，迎娶妓女进门，没想到妻子不同意，王生情急之下就把妻子杀了，又故意留下这把扇子嫁祸给赵四。

真相

　　警长妻子为何断言赵四不是凶手呢？原来，案件发生的时候正是冬天，没有人会随身带着扇子。由此可见，扇子是有人别有用心放在墙根处作为线索，混淆警长断案思路的。正是因为从断案的误区中走出去，放了赵四，警长才能重新梳理思路，找到真正的凶手。

真正的凶手

　　外面正在发生混乱的枪战，一个人背部受伤，冲入诊所。他向医生求助："我刚才正在走路，看到警察在追捕凶手，就加入了帮忙的队伍。一个人在前面跑，我和两个警察在后面追。没想到那个家伙还有同伙，对我们进行了伏击，把警察打死了，我的后背也中了一枪，请你帮帮我。"医生马上通知了警局，并且帮助这个人清理和治疗了伤口。处理好伤口后，医生找出自己的一件工作服给伤者换上，为了避免伤者的胳膊活动，影响伤口愈合，医生还把伤者的右胳膊用绷带绷住，放在胸前。

这个时候，警长火速赶到，和警长一起进来的还有一个中年男性。中年男性看到伤者，马上指着伤者对警长说："警长先生，他就是恐怖分子，他杀害了两个警察。"伤者辩解道："我是热心的民众，我也在帮你们追捕恐怖分子。"中年男性不由分说地指责："你就是恐怖分子，你背部的伤，就是警察打的。"听完这话，原本拿枪对着伤者的警长，马上把枪口对着中年男性，怒喝道："你才是凶手！"那么，警长如何断定中年男性就是凶手的呢？

真相

　　伤者已经接受了治疗，而且换上了医生的干净衣服，还把一只胳膊吊在胸前。如果中年男性不是亲手击中伤者的恐怖分子，又如何知道伤者的背部有伤呢？由此可见，中年男性才是打死两名警察、打伤热心民众的恐怖分子。

让枫叶指出凶手

　　近日，遗传基因学国际会议正在召开。一位知名的学者接到邀请出席了会议，住在会议举办点附近的一家酒店里。次日，这位学者就会在会议上公布自己最新的研究成果，但是前一天晚上，他被发现被人刺杀在酒店旁边的公园里。这位学者并非本国人士，警长在检查他的尸体之后，发现他身上随身携带的贵重物品并没有丢失，因而排除了被抢劫杀害的可能。在对这位学者入住的房间进行搜查之后，警长发现这位学者次日不但要公布自己最新的研究成果，而且还计划揭穿3个盗窃他研究成果的学术骗子。这3位伪学者也出席了这次会议，警长马上针对这3位伪学者进行了调查，发现他们分别是日本人、德国人、加拿大人。

显而易见，一旦这位学者把这3位学术骗子的身份揭露出来，这3位学术骗子就会身败名裂。警长马上把这3位学术骗子列为头号嫌疑人，对他们展开了审查，但是他们谁也不承认杀害学者的事实。正在此时，警长突然想到学者临死前手中抓的枫叶，为此对其中一个伪学者进行了重点问询和盘查。果然，在警长的突击审讯下，这个伪学者承认了杀人的事实。那么，警长是如何判断出凶手的呢？

真相

死者为何要抓一把枫叶在手中呢？这正是在生命的最后时刻，他想给人们留下的提示。加拿大的国旗上就有枫叶，死者以此暗示了凶手的国籍，为警长断案提供了重要的方向和思路。如此，警长才能顺利侦破案件，找出真正的凶手。

游船上的凶杀案

一艘游艇上有几十名乘客，他们准备出海旅行。然而，海上的天气很不好，发生了暴风雨。游艇在海洋中不停地颠簸，就在电闪雷鸣之际，搭乘游艇出海的警长听到甲板上有枪声。因为有雷电的掩护，枪声不易被察觉，但是因为职业的敏感性，警长第一时间就冲到了甲板上。

警长到达的时候，船长已经提前到达甲板，正在俯身观察死者的情况。死者的头部遭到了枪击，是一枪致命，因而根本来不及呼救。警长和船长联合起来，马上对案发现场周围的房间进行了盘查。第一个房间里住着莱特先生，面对警长的询问，莱特先生一点也不惊慌，他说："事件发生的时候，我正在写信，没有听到枪响，而且刚才电闪雷鸣的，我还以为是炸雷呢。"警长看了看莱特先生的房间，问莱特先生："我可以看看你写的信吗？"莱特先生回答："当然可以，这是给我未婚妻写的信。我们正处于热恋之中，从来没有分开过这么长的时间，本来这次她是准备和我一起来旅行的，但是她们单位正好有事情，所以我只能独自旅行了。"听起来，莱特先生的解释无懈可击。警长看了看莱特先生的信，不动声色地和船长去了下一个房间。第二个房间里住着一对年轻的情侣。案件发生的时候，年轻的情侣正在缠绵之中，对于外界发生的一切浑然不知，而且他们也根本不关心外面发生了

什么。女孩看到警长来询问，非常紧张，男孩还拍了拍女孩的肩膀安抚女孩。警长去了第三个房间进行调查。在第三个房间中，年轻人正戴着耳机听音乐。看起来他是不可能听到枪声的，因为他听的是非常激烈的摇滚音乐。接下来，警长和船长对其他乘客进行了逐一排查，结果这些乘客全都有不在场的证据，那么，到底谁是真正的凶手呢？警长经过一番思考之后，让船长和乘警当即控制了第一个房间里的莱特先生。那么，警长为何断定莱特先生就是凶手呢？

真相

　　在剧烈颠簸的船上，即使莱特先生有再强的书写能力，也不可能写出一手工整的字迹。警长看到莱特先生写给未婚妻的信上字迹非常工整，由此可见，莱特先生在撒谎，他的信是提前准备好的，根本不是在案发时写下的。

画家之死

　　林君是大名鼎鼎的画家，他的画作价值连城，很多人都专程请他作画。但是最近，林君陷入困境之中，他发现有一个作者总是剽窃他的画，因而他把这个作者请到家里，准备和这个作者好好沟通沟通。和这个作者同时来到家里的还有一个不速之客，是画家之前的情敌，也就是画家妻子的前任恋人。对此，画家表现得非常大度，还把妻子的前任恋人留在家里居住，这是因为他觉得妻子现在已经嫁给他了，而且生活得这么好，所以前任恋人一定会知难而退，不会再纠缠他的妻子。但是，这样的情况才刚刚保持一天，画家就被发现死在了自己的画室里。

　　画家的右手拿着手枪射中了自己的太阳穴，显然是一枪致命。画家妻子听到枪声之后第一时间冲到画室，看到画家已经倒在血泊里，马上打电话联系了警长。

看起来，画家很像是自杀，所以警长在初步勘查现场之后对于画家自杀的事实并不怀疑。但是，妻子的一番话却让警长对这起案件产生了疑心。妻子告诉警长："两个月前，我的丈夫因为右手麻痹做了手术，现在他的右手连画笔都拿不起！"警长马上意识到这是一起谋杀案。那么剽窃画家作品的人和妻子的前任恋人，他们之中到底谁是凶手呢？警长没有再进行更多的调查，当即把妻子的前任恋人抓了起来。那么，警长如何断定妻子的前任恋人就是凶手呢？

真相

画家右手麻痹，所以一直坚持用左手作画，作为模仿画家的剽窃者，肯定知道画家的病情。但是妻子的前任恋人并不知道画家患有这样的疾病，为此他才会用右手伪装画家是自杀身亡的。

是谁杀了老约翰

天才刚刚亮，警长就开始在街头巡逻，努力维持城市的安宁，因为黎明时分，街上人烟稀少，是最容易发生案件的时候。警长的神经紧绷着，不想错过任何一个罪犯。他已经在这个城市当警长几十年了，他熟悉每一条街道，也熟悉每一家门店，甚至遇到一个人，他就知道这个人的身份、工作等。在巡查了几条街道之后，警长感觉肚子有点饿了，他突然之间很想吃老约翰做的煎饼，但是不知道老约翰的煎饼店这会儿是否已经开张了。

老约翰的煎饼店就在前面，即使尚未开张，也可以去隔壁的包子铺吃包子。警长这么一想，便三步并作两步地朝前走去。就在警长再转过一个街角就能到达老约翰的煎饼店时，前方突然传来了枪声，警长快速朝着枪响的方向跑过去，敏锐地发现前方有个人正在缓缓地倒下。警长赶紧冲过去，发现中枪者正是老约翰。看得出来老约翰是准备开门的，他的脸朝着店铺的门。警长连忙查看老约翰的伤势，发现老约翰的后背中了一枪，鲜血正在汩汩而出，且这一枪正打在致命的地方，所以老约翰什么话都没来得及说，就停止了呼吸。

警长以犀利的眼光扫视着周围，发现马路对面有两个人。警长马上把这两个人控制住，对他们进行了询问。第一个人是中年男人，他告诉警长："我每天早晨都坚持跑步，有的时候还会遇到你，因为你每天很早就会出来巡逻。刚才路过这里的时候，我看到老约翰正在开门，这个时候突然有人开了枪。"第二个人是年轻人，他告诉警长："我刚刚下夜班准备回家，已经路过这里正准备拐弯，突然听到枪响，这才折返回来查看情况，其他的我一概不知。真不知道为何有人要杀害老约翰，我最喜欢吃他做的煎饼了。"听完这两个人的陈述之后，警长马上拿出手铐铐住了中年男人。那么，警长为何断定中年男人就是罪犯呢？

真相

老约翰在开门的时候被击中，是背后中枪，这就意味着凶手是在老约翰的背面射击的。如果凶手不是一直在观察老约翰，怎么会知道老约翰是在开门呢？哪怕老约翰面对着门，也有可能不是在开门。但是中年男人明确地说出老约翰是在开门，这就说明他一直在观察和盯着老约翰，伺机下手。

是谁杀了女教师

周一的早晨，原本要开例会，校长等了很久也没有等到全员到齐，一个叫奎尼的女教师迟迟没有赶到。校长打电话给这个女教师，但没有人接电话。"奎尼到底去哪里了呢？"校长觉得有些蹊跷，因为他知道奎尼是独自居住的，她的父母和家人都不在身边。校长让教务主任上门去查看奎尼的情况，毕竟她是学校的职工，学校有义务关心她的安全。教务主任到达奎尼的住所后，无论怎样敲门，都没有人应答，教务主任当即询问了大厦的管理人员，确定奎尼已经回到家里。这个时候，教务主任感到情况不妙，赶紧让管理员打电话通知警方。很快，警长赶到现场，和大厦管理人员一起打开房门。刚走进房间，他们就发现奎尼穿着睡衣死在了屋子里，已经至少2天了。

警长询问大厦管理员："这2天是否有人来拜访过奎尼？"大厦管理员经过回忆，又调查监控录像，确定在周五的晚上，有两个人来找过奎尼。其中一个人是奎尼的学生，另一个人是奎尼的情人。警长马上对这两个人进行了盘查，但是这两个人都说自己按了门铃之后没有得到回应，就离开了。显而易见，他们之中有一个人在撒谎。

警长观察周围的情况，发现奎尼家的门上有一个猫眼，他的心中当即有了答案。警长下令抓住奎尼的情人。果然，经过一番审查，奎尼的情人承认了杀人事实。

真相

奎尼是在房间里被杀死的，而且也没有凶手破门而入的痕迹。这就说明凶手和奎尼是熟人，所以奎尼才会给凶手开门，凶手也才能够入室杀人。如果凶手是学生，那么奎尼在通过猫眼看到来者是学生之后，是不可能穿着睡衣接待学生的。由此可见，杀人者一定是情人。

"失踪"的牛奶

周末，警长开车去偏僻的乡村探望他的老朋友希瑞先生。刚走到门口，看到院子里一片寂静，警长产生了一种很糟糕的感觉。平日里，他总是要按好几次门铃，才能让耳背的希瑞先生听到门铃声，过来给他开门。但是这一次大门却虚掩着，要知道希瑞先生因为耳背，听不到轻微的响动，所以他总是把大门关得严严实实的。警长意识到大事不妙，推门快速走入客厅，看到希瑞先生倒在客厅里已经死去至少10天了。

希瑞先生平日里深居简出，和邻居们并没有太多的交往，到底是谁会对这样一个居住在乡村里的老人下手呢？警长百思不得其解，对屋子的里里外外进行了严密的搜查，发现希瑞先生应该是在用餐的时候突然从背后遭遇了袭击，被一把尖刀从后背插入刺穿了胸口，因而毙命。整幢房子都遭到了凶手的洗劫，一切值钱的东西都被拿走了，而且凶手把房子打扫得很干净，根本找不到任何蛛丝马迹。看得出来，凶手知道没有人会关注希瑞先生，所以在行凶之后才会那么从容地收拾现场，整理凌乱的东西。

警长陷入困局之中，他忍不住点燃一支雪茄，坐在门口的台阶上抽了起来。他看到门口的邮箱里塞满了报纸，因为这些报纸一直没有人拿，所以邮差不得不把报纸放在邮箱上面。警长非常伤感，因为每天都会拿报纸、看报纸的希瑞先生再也不能读这些报纸了。邮箱旁边就是奶箱，和邮报箱截然不同的是，奶箱里只有两瓶已经过期的牛奶，日期正是10天前，而后来再也没有牛奶送过来。警长很疑惑：难道是订的牛奶到期后，没有续订吗？警长马上对此事进行调查，发现希瑞先生订牛奶都是整月的，而案件发生的时间正是月中，按理来说，至少还要再送半个月的牛奶。警长一拍脑门，知道了凶手就是送奶工，当即对送奶工展开了追捕。

真相

　　因为邮差不知道屋子里的人已经去世了，所以每天依旧会按时过来送报纸，但是送奶工在亲手杀了希瑞先生之后，深知没有人再会喝牛奶，所以就停止了送牛奶。正是这个小小的细节，让送奶工暴露了其凶手的身份。

罢工期间发生的凶杀案

最近这个城市很不太平，很多人都在闹罢工，尤其是出租车、公交车的司机们，因为待遇很低，赚取的钱不能养家糊口，所以他们对政府颇有怨言，正在举行联合大罢工。整个城市的交通也因罢工都处于瘫痪的状态，警长感到万分焦虑，既要维持好城市的秩序，又要避免案件的发生，以免给这个已经处于水深火热之中的城市火上浇油。

可让警长万万没想到的是，城市里的公众人物佳妮夫人居然被暗杀了。一直以来，佳妮夫人都靠着丈夫留给她的遗产过日子，她还经常乐善好施，济寒赈贫，帮助那些需要帮助的人，为此，她在城市里享有很高的声望。佳妮夫人被刺杀后，很多人都给警局施加压力，要求必须马上破案。警长接连几天没有回家，针对这个案件展开侦查，最终把目标锁定在两个嫌疑人身上：一位是银行职员，他是佳妮夫人的朋友，主要负责帮助佳妮夫人打理财产；另一位是流浪汉，这个流浪汉经常得到佳妮夫人馈赠的食物，所以和佳妮夫人的关系比较近。

在警长的询问下，流浪汉说："案件发生的时候，我正在街上四处溜达，因为我很饿，想找一些食物来填饱肚子，正在这时我听到一个女人的尖叫声，我赶紧冲着发生尖叫的地方跑过去，却看到佳妮夫人浑身是血地躺在地上。而这时，这个银行职员就站在佳妮夫人的身边，他看到我拔腿就跑，所以我就跟在他的身后追，因为直觉告诉我，他就是杀害佳妮夫人的凶手。"

银行职员赶紧为自己辩解："这几天银行停电，我闲着无聊，正准备坐公交车去找朋友一起郊游呢！我刚从公交车上下来，就听到佳妮夫人的尖叫声，这个时候我看到流浪汉拿着尖刀正准备刺向佳妮夫人，我想制止他，但是没来得及，我想把他抓住，但是他跑得实在太快了，所以我只能报警了。"警长听完这两个人的回话，马上下令抓住银行职员。那么，为何警长断定银行职员就是真正的杀人凶手呢？

真相

城市里正在举行联合大罢工，没有公交车运营，所以银行职员说自己是乘坐公交车来到现场的，这显然是在撒谎，是为了掩饰自己犯罪的事实。

🎭 女作家之死

　　大名鼎鼎的女作家慕舒被发现死在家里，她的身上被刺了十几刀，现场鲜血淋漓，惨不忍睹。到底是谁和慕舒有着深仇大恨，才会对慕舒下这样的狠手呢？针对这起公众人物的凶杀事件，警方马上投入详细周密的调查之中。经过一番排查，警方发现女作家在死亡之前接触过3个人：一个是好朋友，一个是出版商，还有一个是她的前夫。

　　负责案件的警官没有片刻停留，马上传唤了这3个嫌疑人。

　　好朋友对于慕舒的离世深感难过，告诉警官："我和慕舒是最好的朋友。我刚刚从国外旅行回来，还给慕舒带了礼物。当天晚上我本来是想和慕舒多聊一会儿，但是突然接到电话有事要离开，所以我喝了慕舒给我的冰橙汁，大概逗留了10分钟就离开了。没想到在我走了之后，居然会发生这么可怕的事情，我要是晚一些离开也许就不会这样了。"

　　出版商和女作家约好了一本书，已经达成了出版协议，女作家将在半年之后把成稿交给出版商。出版商还指望着借助女作家的名气做一本畅销书，大赚一笔呢，没想到煮熟的鸭子就这么飞了，而且还失去了一个这么好的合作伙伴，所以出版商很懊丧，对警长说："当天晚上，我到了慕舒家里，她很热情，还给了我一杯冰水喝。"

　　警长询问的最后一个人是慕舒的前夫。慕舒已经离婚好几年了，但是她和前夫还保持着联系，就像朋友一样。那天晚上，前夫听说慕舒经常失眠，情绪低落，所以特意去看望慕舒。警长问："到了慕舒家里，你做了什么？逗留了多久？"前夫说："我在那儿坐了喝完一杯白开水的时间，和她闲聊了几句，也提起了复婚的事情。被她拒绝之后，我很快就离开了。"

让警长万分困惑的是，当天晚上，明明有3个人去过女作家的家，但为何在他们曾经使用的玻璃杯上只留下了好朋友的指纹呢？警长脑洞大开：会不会是女作家和好朋友爱上了同一个男人，所以被情杀了？针对杯子上的指纹，警长不停地想着、琢磨着，突然茅塞顿开，他问助手案发当天的气温是多少，助手回答是38摄氏度。警长马上命令助手去抓捕女作家的前夫。

真相

> 凶手是女作家的前夫。因为在当天38摄氏度的高温下，无论是好朋友喝的冰镇橙汁还是出版商的冰水，一旦从冰箱里拿出来，水杯上都会有很多的水渍，因而好朋友和出版商都不会留下指纹，或者即使有指纹也会非常模糊。而女作家的前夫喝的是一杯常温的白开水，这样一来，前夫的指纹应该会非常清晰地留在水杯上，但是水杯上却没有前夫的任何指纹，由此可见是前夫在杀死女作家之后清除了指纹，想要欲盖弥彰。

富豪之死

大富豪罗格先生已经80岁了，他只有一个儿子，住在距离他两个街区的地方。罗格先生性格有些孤僻，他宁愿和保姆一起居住，也不愿意和儿子、儿媳妇住在一起。眼下，罗格先生意识到自己年事已高，身体状况也越来越不稳定，所以正在决定立遗嘱的事情，每天晚上他都会和律师通话协商遗嘱的细节。

罗格先生的儿子和儿媳妇都非常孝顺，每天晚上10点，保姆安妮都会接到罗格先生的儿媳妇打来的电话。在电话里，儿媳妇会详细询问罗格先生一天的生活情况，和保姆确定是否在晚上9点给罗格先生吃过药，是否在晚上10点给罗格先生冲泡一杯蛋白粉。每天晚上都进行着这样琐碎的对话，安妮渐渐地感到有些厌倦。这一天，儿媳妇在打来电话询问完罗格先生白天的生活情况之后，便大声地喊道："亲爱的，你不是有事情要问安妮吗？你快来问吧，我已经问完了！"安妮勉强忍住不满的情绪：好不容易才摆脱这个啰唆的女人，现在她又让她的丈夫接电话，真是不知道什么时候才能结束这可恶的通话。

1个小时之后，罗格先生的儿子终于问完了所有的问题，安妮松了一口气，挂断了电话。她把厨房收拾完，家务都做好了之后，才上楼去提醒罗格先生喝蛋白粉和睡觉。她知道罗格先生此前一直在和律师通电话。然而，当安妮走到楼上，进入罗格先生的房间时，却发现罗格先生躺在地上已经死去了，他的脖子被绳子死死地勒着。凶手不但勒死了罗格先生，还把现场处理得非常干净，就连电话上的指纹都完全抹掉了。可见，凶手是有预谋地杀死了罗格先生。

警长问安妮："你最后一次见到罗格先生是什么时候？"安妮回答："我是在10点的时候送了一杯蛋白粉给罗格先生，然后我刚走到楼下，罗格先生的儿媳妇就打来了电话，大概和我进行了十几分钟的通话后，罗格先生的儿子又和我进行了1个小时的通话。"警长很奇怪："罗格先生的儿子每天晚上都会打电话过来问各种情况吗？"安妮点点头说："是的，从罗格先生决定要立遗嘱的那一刻起，他的儿子和儿媳妇每天晚上都会和我进行很长时间的通话，询问他一天的生活情况。不过平时都是儿媳妇过问的，这天晚上，罗格先生的儿子居然和我通话了1个小时。"警长先生得到这个重要的线索，当即问安妮："罗格先生的儿子、儿媳妇住在哪里？"安妮说："住在两个街区之外，大概5公里的地方。"

警长不知道想起了什么，忍不住皱起了眉头，问安妮："你觉得谁会对罗格先生下手呢？他虽然家财万贯，但现在只是一个老人，应该不是仇杀。"安妮摇摇头："我也不知道。罗格先生在生意场上的确有一些对手，但是这些对手都不住在附近，而且他的儿子和儿媳妇也住得比较远。"警长问："罗格先生为什么不与他的儿子、儿媳妇住在一起呢？"安妮说："可能是因为与年轻人合不来吧，也可能是因为他的儿子和儿媳妇一直都希望得到他所有的遗产，这让他感到有些不安。"警长听到保姆的话，茅塞顿开，说："凶手就算不在现场也可以过来行凶。"警长当即传唤了罗格先生的儿子和儿媳妇，顺利地侦破了这起案件。那么，警长是如何断定罗格先生的儿子、儿媳妇就是凶手的呢？

真相

凶手是罗格先生的儿媳妇。对于罗格先生确立遗嘱时迟疑不定的表现，他的儿媳妇感到非常不安，为此，她把电话给了丈夫接听，而谎称自己去楼下散步，趁机奔袭，杀死了罗格先生。

扔在门口的烟蒂

漂亮的艾伦有一个富豪丈夫，过着锦衣玉食、无忧无虑的生活，很多人都非常羡慕她，但是艾伦对于这样的生活充满了抱怨。因为她的富豪丈夫每天都不回家，在外面花天酒地，她的内心非常空虚和寂寞。

为了报复丈夫，也为了消除内心的不平衡，艾伦有了一个情夫，她的情夫是一个年轻英俊的大学生。其实，这个大学生并不喜欢艾伦，而是看重了艾伦的钱。他每个星期都会来看望艾伦，陪着艾伦度过周末，艾伦也总是慷慨地给他很多钱。后来，富商丈夫隐约听到了艾伦的桃色新闻，对于艾伦的行为很是不满，决定要减少艾伦的花销。就在富商做出这样的决定没多久，艾伦被发现死在家里。案发时，艾伦的富商丈夫正在外面应酬，和客人一起喝酒，所以有不在场的证据。

艾伦遇害的时间在下午2点前后，在这期间，除了学生情人来过，还有一个推销员也来过。这个推销员几次拜访艾伦，想让艾伦购买他推销的化妆品，但是艾伦因为最近手头紧，就一直没有购买。那么凶手是艾伦的学生情人还是恼羞成怒的推销员呢？警长在进行很多调查之后，依然无法做出判断，因为凶手把现场打扫得很干净，没有留下任何痕迹，只在艾伦家的门口发现了一个香烟蒂。但糟糕的是，学生和推销员抽的是同一个牌子的香烟，所以警长无法确定这个香烟蒂是学生的还是推销员的。

就在警长为了这个案件焦头烂额的时候，他遇到了老同学——学习心理学的马克·珍妮。为了让老同学能给自己指点迷津，警长便把案件的情况讲给了马克·珍妮听。在讲述完之后，警长问马克·珍妮："你是心理学家，你觉得门口的香烟蒂是谁的呢？"马克·珍妮不假思索地说："你只需要抓捕那个推销员即可！"那么，马克·珍妮为何认定推销员就是凶手呢？

真相

学生是艾伦的情人，经常出入艾伦的家里，受到艾伦的宠爱，所以他无须在进入家门之前把香烟蒂扔掉。但是推销员每天都要去不同的人家里推销，出于基本的礼貌，他们在敲响客户的门之前会把手中的香烟扔掉的，这也是一种职业习惯，无法掩饰，所以门口的香烟蒂一定是推销员留下的。

有"预见"的大舅哥

一名男士被发现离奇地死在自己的家中，警长到达现场检查之后，确定男士是被人谋杀的，为此火速通知了死者的家人。警长最先通知的是死者妻子的哥哥艾比。警长告诉艾比："你的妹夫被人发现死在了家里！"艾比马上非常惊讶地说："邓帅居然死了，这太可怕了，我昨天还跟他在一起打牌呢。他到底发生了什么事情？是谁这么可恶，居然要了他的性命？"警长反问："这么说，你们昨天见过？那你有没有更多的线索可以提供给我们，以帮助我们破案呢？"艾比沉思片刻，说："其他的我也不是很清楚，但是我知道邓帅的性格非常古怪，而且很喜欢赌钱。上个月，他还因为输了1000美元给我大妹夫，就和大妹夫反目成仇了。上个星期，他和我的小妹夫又因为财产纠纷差点闹出人命来。我觉得我的大妹夫和小妹夫与邓帅之间的相处都不是很好，你可以进行重点调查。"

警长对艾比说："你提供的线索非常详细，我可以去你家里和你当面详谈吗？我想从你口中知道更多的细节。"得到艾比的许可，警长挂断电话之后，当即招呼很多警员："走吧，艾比就是凶手，我们要赶紧把他绳之以法，以免打草惊蛇，使他逃之夭夭！"那么，警长为什么断定艾比就是凶手呢？

真相

　　艾比有3个妹夫，但是在警长说出他的妹夫去世之后，他当即就说出了死者的名字。如果他不是凶手，那么他的第一反应应该是询问哪个妹夫被谋杀，而不是直接说出死者是谁。

冰冷的灯泡

马蒂从小就喜欢看推理侦探小说，虽然不是侦探，却也思维敏捷，在朋友之间小有名气。朋友们每当有了疑问之处，都会向马蒂讨教。马蒂开动脑筋，往往能够帮助朋友们答疑解惑。有一天，一个闺蜜邀请马蒂去家里做客，一起吃晚饭。马

蒂准时到达，仆人先是招呼马蒂在楼下大厅里等候，然后去了楼上通知主人。仆人才刚刚走到楼上敲门，突然发出一声凄惨的惊叫声，随后仆人就从楼上冲下来，冲着马蒂大喊："不好了，不好了！茜茜遇害了！"

马蒂听到仆人的话，三步并作两步，冲到了楼上。书房的门是反锁的，仆人从门缝里看到茜茜以怪异的姿势靠在椅背上，而且脖颈处有血迹。但是，等到马蒂去的时候，书房的灯却是关着的。马蒂和仆人想办法打开书房的门，查看了茜茜的情况。马蒂问仆人："书房的灯之前是开着的还是关着的？"仆人说："我来的时候是开着的，所以我才看到主人靠在椅子上。但是我刚刚发出惊叫，书房的灯就灭了。"

马蒂用手摸了摸灯泡，发现灯泡是冰冷的，她马上知道谁是真正的凶手，但是为了保护自己的安全，她没有声张，而是当即打电话报了警。警察到达现场之后，对茜茜的尸体进行了检查，发现茜茜的头部被钝器击中，而且已经死了至少1个小时。这个时候，马蒂把自己的推断告诉警长，警长当即把仆人作为嫌疑人抓了起来。那么，马蒂是如何知道仆人就是杀害茜茜的凶手呢？

真相

在马蒂到来之前，仆人已经杀死了茜茜，但是她不知道马蒂会来做客，所以为了掩盖杀人的事实，仆人假装什么事情也没有发生，去楼上找茜茜，然后以一声尖叫让自己从凶手变成第一个发现茜茜死亡的人。马蒂在现场检查情况的时候，发现灯泡是冰冷的，这和仆人所说的不符。由此可见，仆人在撒谎，而她撒谎的目的就是掩盖自己犯罪的事实。

身高暴露的凶杀真相

傍晚时分，公寓管理员正准备吃饭，突然听到楼上传来一声枪响，管理员意识到发生了异常状况，赶紧出门查看情况。这个时候，电梯里有一个人冲出来，飞快地跑了。管理员来不及上楼查看情况，便第一时间打电话报了警。等警察赶到，管理员才和警察一起去案发现场查看情况。

枪杀案发生的地点在801室，死者头部中枪。管理员一眼就认出死者并不是801室的住户伯克洛，因为伯克洛是一名拳击手，身高1.9米。而死者的身高才1.6米多一点，看起来又矮又胖，和伯克洛的身材相差甚远。那么，死者是谁呢？警长经过辨认，发现死者是近日正在被通缉的银行抢劫案作案者查理。查理从银行抢劫了1000万美元，而且带着这笔钱四处潜逃，始终没有被警方抓住。警长正在为查找这笔赃款而犯愁，没想到查理居然死在了这里。警长感觉非常蹊跷，马上找到伯克洛。伯克洛听到警长说查理死在了他的家里，感到非常惊讶："这太可怕了！可怜的查理居然当了我的替死鬼，如果不是查理在我家，那今天死的就一定是我！"警长很惊讶："你作为拳击手，也有仇人吗？"伯克洛点点头，说："是的，前几天有一个操纵比赛的人找到了我，让我故意输给比赛对手，这样他们就会给我100万美元！但是我没有答应他们的要求，因为我认为比赛应该是公正神圣的，我想他们正是因此对我产生了杀心！"

警长沉思片刻，声色俱厉地对伯克洛说："不要再撒谎了，你的胃口可不仅仅是得到100万美元，你看上的是查理的1000万美元！快，告诉我那笔赃款藏在哪里？"那么，警长是如何识破伯克洛的谎言呢？

真相

查理的身高只有1.6米多，而伯克洛的身高是1.9米，如果凶手是把查理当成了伯克洛，他隔着门枪击的位置根本不可能要了查理的性命。但是这一枪正好打在查理的头部，如果换成伯克洛，就会射击在腹部。由此可见，隔着门行凶的那个人知道房子里面是查理，也知道查理的身高，所以他才能够准确地隔着门射中查理的头部，做到一枪毙命。

酒店里的凶杀案

一家五星级大酒店，每天都要接待很多来自天南地北的客人，而有些客人有着很复杂的背景，为此大酒店常常会发生一些古怪的事情。就在昨天，酒店里的一位客人突然中毒身亡，警长马上前往现场调查情况，最终证实这位客人是氰化钾中毒死亡。

酒店负责人非常配合调查，在房间里四处寻找。在书桌上找到了死者的遗书，他马上把这份遗书交给警长。警长戴着手套拿起遗书阅读，发现遗书是用打印机打出来的，只有签名和日期是手写的。这位客人是英国人，遗书上有签名，而且落款处还有日期，日期如下：8.17.2012。警长看到日期灵光一闪，他问酒店负责人："你确定这个死者的国籍是英国吗？"负责人点点头，警长肯定地说："杀死这个人的凶手是个美国人！"那么，警长为何这么确定这位客人是被美国人谋杀的呢？

真相

　　手写的日期暴露了凶手故意伪造成死者自杀的蹩脚伎俩，因为英国人在书写日期的时候是先写日期再写月份，最后是年份，也就是：17.8.2012。而美国人在写日期的时候是先写月份再写日期，最后是年份。正是这个小小的区别证明死者是被美国人谋杀的。

悬赏10万

　　傍晚时分，仆人去楼上喊夫人吃饭的时候，接连敲了几次门，卧室里都没有任何声音，仆人感到很纳闷便推开门走了进去，结果惊讶地发现夫人惨遭杀害，头部血肉模糊，根本辨认不出本来的相貌。仆人惊慌失措，第一时间就打电话给警局，警长很快就到达了现场。

　　警长在对尸体进行检查之后发现，死者是被人用枪柄敲击头部而亡的。警长忍不住感慨："这个人是有多么恨她呀，居然采取这么残忍的方法杀死她！"警长让助手打电话通知死者的丈夫，助手说："长官，还是由您给她的丈夫打电话告诉他这起惨案吧！他的夫人死了，我可不想听到他哭天抢地！"警长严肃地对助手说："你只告诉她的丈夫马上回家就行！"

　　丈夫刚进家门就开始喊："到底怎么了，我的夫人呢？"警长说："我们只是告诉你家里有紧急情况，你怎么知道是关于你夫人的？"丈夫尴尬地解释说："在这个家里，我最在乎和最担心的就是我的夫人，至于其他的事情，包括钱财都是身外之物，不值得我牵挂！"警长面色平静地说："很抱歉，正是你的夫人出了问题。大概2个小时前，她被人杀死了。仆人发现了她的死亡，打电话让我们过来！"这个时候，助手拿着在现场发现的手枪走过来告诉警长："手枪上没有任何指纹，我必须拿到鉴定科进行鉴定！"丈夫盯着助手手里的枪，突然恶狠狠地说："是谁用枪把她敲死的，我一定要狠狠地惩治凶手。如果有人提供线索，抓住凶手，我愿意给出10万的赏金。"警长听到这句话沉思了片刻，冷冷地对丈夫说："放心吧，凶手很容易就能找到，不需要你的悬赏。"说完，警长就让助手把死者的丈夫控制了起来。那么，警长是如何知道死者的丈夫就是凶手的呢？

真相

丈夫听说家里发生了特殊的情况，一回家就询问妻子的情况，而在助手找到杀人的那把手枪之后，丈夫更是直接说出妻子被人用枪敲死的事实。如果丈夫不是那个实施凶杀的人，他如何能知道得这么清楚呢？常人看到手枪，首先想到的是枪杀，很少会想到死者是被枪柄敲死的。

温度计上的温度

一个风雪交加的夜晚，气候条件很恶劣，视线也很差，一个马车夫醉醺醺地驾驶着马车，向前疾驰。而在道路旁边，一个刚刚出诊的医生正在朝家里走去，这时，马车突然失去控制，把医生撞死了。看到出了人命，马车夫瞬间被吓醒了，他很清楚，如果被人知道是他把医生撞死的，他就要承担很大的责任。思来想去，他决定把医生的尸体运回家。他自作聪明，把医生的尸体放在热水里浸泡了3个小时，然后又驾驶马车到了郊外，把医生的尸体扔在荒郊野岭。

果然，用热水浸泡尸体的方法起到了很大的作用。当医生的尸体被发现之后，法医经过鉴定，认为医生已经死亡了至少6天的时间。这让马车夫暗自庆幸，这样一来人们就不会把目光集中到他的身上。但是，有一个患者当即出来指证医生一天前还去为他进行诊治，并且药到病除地治好了他的病。他对医生非常感激，便主动出来诉说真相，这让法医的鉴定被推翻。警长因此陷入困惑之中：为何会出现这样的情况呢？突然，警长想起医生遗物中的一个东西，他在看到这个东西之后，当即认定医生的死亡另有蹊跷。那么，警长看到了什么东西，就判断医生的死亡另有蹊跷呢？

真相

　　警长看到了医生的体温计，因为用热水浸泡过，所以体温计的温度一下子飙升到满格50摄氏度。要知道在寒冷的天气里，体温计即使紧贴着身体，也不可能有这么高的温度，由此可见医生的死另有蹊跷。

被掩饰的杀人真相

波斯欠了卡尔很多钱，但是没有钱还给卡尔，偏偏最近卡尔天天都追着波斯要钱，缠着波斯不放。波斯不堪其扰，便动了歹心，决定把卡尔杀死，这样就不用还钱了。

一天晚上，波斯热情地邀请卡尔去家里吃饭喝酒，并且说已经准备好了钱要还给卡尔。卡尔感到很高兴，当即答应了波斯的邀请。波斯在酒里放了安眠药，卡

尔喝了酒之后便昏昏沉沉地睡了过去，然后波斯把卡尔按在水里，很快卡尔就窒息
而亡了。为了证明自己在案发的时候不在场，波斯做完这一切之后，马上就去酒吧和
朋友一起狂欢，在酒吧里度过了3个小时。他回到家中，把卡尔的尸体运到海边，又
解开卡尔裤子的拉链，把卡尔推入大海之中。这样一来，警长在发现卡尔的时候，
很有可能会误认为卡尔是在喝酒之后站在海边小便时，失足坠落海中溺亡的。

　　卡尔的尸体被发现后，法医给出鉴定结果，警长马上判断卡尔根本不是意外
死亡，而是被人有预谋地杀死的。那么，警长为何会这么判断呢？

真相

　　波斯杀死了卡尔，但是卡尔的手表并没有停止转动。当波斯把卡尔推入海
中的时候，卡尔的手表进入海水，这才停止了转动。所以卡尔手表上显示的时
间比他真正死亡的时间晚了整整3个小时，这样一来，波斯的不在场证据就彻
底失效了。

引狼入室的莱特

　　莱特是一个很热心的人，最近有一个远方的朋友过来探望她，她很热情地招呼朋友在家里住下。莱特不知道，她这是引狼入室。

　　朋友在莱特家里住了几天，看到莱特过着富裕的生活，内心非常嫉妒，便对莱特心生歹念，想要痛下杀手。有一天，莱特在浴缸中泡澡，浴缸里有很多的泡泡。莱特惬意地躺在浴缸里，一边听着音乐，一边闭目养神。这个时候，朋友突然闯进浴室里，把莱特的头按在浴缸中。浴缸非常滑，再加上缸壁上有泡沫，所以莱特的挣扎根本起不到任何作用，很快，她就被朋友淹死在浴缸里。朋友非常冷静地把莱特的尸体用水冲洗干净，洗掉浴缸里泡沫的痕迹，然后又把泳衣套在莱特的身上，最后把莱特的尸体扔到院子中的游泳池里。回到房子里，朋友清除干净她留在卫生间里的指纹之后，便回到豪华的客房里呼呼大睡。次日清晨，她一起床就打电话报了警，说莱特在游泳的时候不幸溺亡。警察到达现场之后，马上对现场进行了勘查，并没有发现什么异常。法医在对尸体进行检查之后，认定凶手就是这个报警的人。

真相

　　莱特在浴缸里溺水，所以她在挣扎的时候喝了很多浴缸里的肥皂水。但是游泳池里的水却是没有肥皂泡的，所以这就证明了报警的人就是凶手。

黑暗中的行走

　　午夜时分，警长正在熟睡，突然被一阵急促的敲门声惊醒。警长马上打开门，发现是楼下邻居——米德教授的外甥舟舟正在拼命地捶打着他的门。看起来，舟舟非常慌张，他语无伦次地对警长说："今天，舅舅让我来他这里，我因为要上课，所以就耽误到现在才来。但是无论我怎么敲门，舅舅也不给我开门，我很害怕，想到您就住在楼上，所以来向您求助。"警长马上穿好衣服，和舟舟一起来到楼下。

在下楼的路上，舟舟告诉警长："舅舅的一项专利刚刚获奖，得到了巨额奖金，很多同事都对此垂涎三尺，我很怕舅舅因此而出现意外……"舟舟的话还没说完，他们就来到米德教授的家门口。警长联系了大厦的物业管理员，打开了米德教授家的门。一进门，警长就去摸索右侧的开关，但是开关似乎坏了，屋里依然一片漆黑。这个时候，舟舟赶紧说："前面还有一盏灯！"说着，他走过漆黑的房间，打开了前面的灯。做完这一切，舟舟一回头，发现舅舅的尸体就躺在他身后的过道上，他不由得惊叫起来，赶紧迈过尸体，躲到警长的身后，表现出恐惧的样子。

警长检查了尸体，发现教授已经死亡至少2个小时了。警长想了想，又检查了教授的家，发现教授家里所有值钱的东西都已经消失不见了。警长忍不住对舟舟说："年轻人，你就这么迫不及待地对你的舅舅下狠手吗？等到你舅舅老了死了，这些财产不都是你的吗？"那么，警长如何知道凶手是舟舟的呢？

真相

警长想开灯的时候灯没有亮，但是舟舟通过过道，走到室内打开了里面的灯，却没有被地上舅舅的尸体绊倒，这说明他事先就知道舅舅的尸体在过道上，因而才能够成功避开。

是谁杀了罗杰

罗杰是白手起家的大富豪，创造了大量的财富，遗憾的是他没有妻子和儿女，所以他花高价在海边买了一座城堡，作为自己的养老居所。为了让自己过得更舒服，罗杰雇用了很多仆人，专门照顾他的饮食起居。罗杰虽然有很多财富，但是后继无人，为此，他早早地就告诉那些为他工作的人："如果你们能够把我照顾得很好，那么等我死了之后，我的遗产会分给你们每一个人。"所有的工作人员都为罗杰的话感到亢奋，他们更加努力地工作，想要得到罗杰的认可和赏识。

一直以来，罗杰的身体都非常健康，然而天妒英才，灾难总是突如其来，就在一天早晨准备起床的时候，罗杰突然感到自己的下半身麻痹了，根本用不上劲，经过医生的诊断，他居然是中风瘫痪了。从此以后，罗杰就只能在轮椅上度过下半生了。尽管如此，罗杰的身体还是非常强壮，他只是不能再骑马而已，而且看起来，罗杰再活个二三十年完全不成问题。正当大家都以为罗杰会在这些"继承人"的照顾下愉快地度过下半生时，却发生了一个意外。一天下午，管家发现罗杰被勒死在客厅里。到底是谁和罗杰有深仇大恨，居然要了他的性命呢？最可怕的是，这个人并非外人，而是罗杰家里的佣人。所以在行凶的时候，凶手没有发出任何的声音，罗杰也没有留下挣扎的痕迹。这座城堡里住的人很多，有罗杰的司机、保姆、厨师、佣人，还有照顾花园的园丁和外出时保护罗杰安全的保镖，以及负责照顾马匹的马夫等。

除此之外，在罗杰死亡的当天，他的律师和医生曾经来拜访过他。医生为他进行了详细的身体检查，说他完全可以活到100岁，这话惹得罗杰哈哈大笑。但是他们没有想到，就在这天下午，罗杰就离开了人世。实际上，罗杰早就立好了遗嘱，他要把所有的财产都分配给这些为他工作的人。那么，到底是谁杀死了罗杰?
罗杰的死亡又对凶手有什么好处呢?

真相

　　马夫杀死了罗杰。因为罗杰自从下半身瘫痪之后就再也不能骑马了，这就意味着马夫将对于罗杰失去意义，不能再为罗杰服务，那么自然也就不可能再得到罗杰的遗产。他很想尽快把罗杰杀死，在罗杰更改遗嘱之前，得到罗杰的财产，因为他很担心当罗杰意识到自己不再需要马夫之后，会不给自己任何遗产，因此只能先下手为强。

下篇

不放过蛛丝马迹的证据，
以严密推理还原真相

第4章
神机妙算的神探

找到金笔的凶手

在一间旅馆里，年轻的女性艾迪被人用水果刀刺入背部，当场死亡。警长到达现场后，马上向旅馆的主人询问艾迪的情况。旅馆主人告诉警长："艾迪上周才和丈夫结婚。她的丈夫是一名船长，昨天启程去了夏威夷。"警长问："她为何住在旅馆里？他们结婚的家在哪里？"旅馆主人说："以前，艾迪和前任恋人丘比恋爱的时候，经常在我的旅馆里过夜。她和丈夫的新家在距离旅馆两条街的公寓里。"警长问："你看到丘比过来了吗？"旅馆主人摇摇头。

警长马上去拜访了丘比，但在离开案发现场之前，警长故意把自己的金笔丢在现场。看到丘比，警长问："丘比，艾迪死了，你知道吗？"丘比装作很惊讶的样子，张大了嘴巴，瞪大了眼睛，又表现出难以置信的神情："真的吗？这太可怕了，她还那么年轻。"警长说："我来找你，是想问问昨天案发的时候你在哪里？"丘比不假思索地回答："我正在家里午休，前天晚上我失眠了，所以昨天中午我非常困倦。"警长的眼神里闪过一丝不易觉察的怀疑，假装要掏出笔来记录，却找不到笔，说："不是你干的，那就太好了。我还要赶去见另一个嫌疑很大的人，但我的笔好像丢在艾迪那里了，你可以帮我去找一下笔，并且送回警察局吗？

交给我的同事就行。"丘比很乐意为警长服务，当即赶去旅馆找到那支笔，送到了警察局，但他没想到的是，等待他的是一副冰冷的手铐。那么，警长是如何断定丘比就是凶手的呢？

真相

　　警长只是询问丘比有没有不在现场的证据，并没有说出案发的时间，丘比就表示自己昨天中午正在午休，而中午正是艾迪死亡的时间。后来，警长故意以漫不经心的语气让丘比去艾迪死亡的地方找到他遗失的金笔，按理来说，丘比应该去艾迪的新婚之家找笔才对，但是他却去了旅馆的房间。这样一来，警长理所当然能够确定丘比就是杀害艾迪的凶手。

一枚金币

　　夜深人静的时刻，警长正开车在道路上巡逻，突然，他发现前面的道路中间趴着一个人。这个人的姿势很奇怪，看起来是个死人，警长马上停车前去查看情况，果然发现这个人的脖子上有深深的勒痕，而且已经死去多时了。正在此时，靠着街边的一户人家里有个老人走出来，他看到路上趴着一个人，当即上前查看情况，惊讶地喊道："这不是汤姆吗？我告诫过他很多次不要在夜深人静的时候在街道上散步，尤其是身上带着那么多金币的情况下，很容易使人见财起意，谋财害命，他就是不听。这下好了，他再也不能拥有金币了。"

　　警长问老人："你是谁？认识死者吗？"老人点点头："我们是老邻居，就在一个小时前，我看到他出来散步，还特意提醒他不要在口袋里装满金币叮当作响，否则一定会遭遇不测。"警长纳闷地问老人："金币很值钱吗？"老人回答："也值不了多少钱，不过金币很少见，是汤姆多年来积攒的。"这个时候，警长俯下身查看死者的情况，发现死者一侧的口袋里只有几张纸币，而另一侧的口袋里只剩下一枚金币。警长当即要求老人和他一起去警察局录制口供，并且认为老人就是杀死汤姆的凶手。

真相

　　汤姆不是真的被歹徒谋财害命，否则歹徒就会拿走所有的纸币和金币，而不会留下纸币，更不会还留下一枚金币。唯一的可能性就是抢劫的人很眼馋汤姆的金币，而且为了掩人耳目，他故意留下一枚金币，转移警长的视线，混淆警长的思路。

暴露的土匪头目

　　一个偏僻的山村靠近大山，因为交通不便、消息闭塞，所以土匪每隔一段时间就会来村庄里烧杀抢掠，使村民们苦不堪言，觉得日子简直没法过了。为了消除匪患，村民们把土匪抢劫的情况汇报给长官，但是长官对于土匪也无可奈何，因为土匪盘踞在大山上的悬崖峭壁之中，要想强攻土匪的根据地，简直难于上青天。然而，长官觉得不能这样放纵土匪，为此专门率领大军埋伏在土匪经常出没的道路上，想守株待兔，等到土匪再次出山的时候把土匪一举消灭。没想到，土匪似乎得到了消息，整整半个月都没有任何的举动，在山上整天喝酒吃肉，过得不亦乐乎。

　　长官等得有些着急了，还有很多士兵要求回家过中秋节，不愿意再等在路上埋伏。长官经过一番思考，劝说大家一定要稍安毋躁，避免前功尽弃，而且告诉大家马上就要过中秋节了，土匪一定会再次下山烧杀抢掠。果然，又等了3天，土匪真的出现在下山的必经之路上，他们又准备去村子里烧杀抢掠了。

看到土匪出现，全体官兵一拥而上，把土匪团团围住。长官深知擒贼先擒王的道理，当即就想把土匪头目抓住，但是这些土匪穿的衣服一模一样，土匪头目也没有特别的装束，所以长官很难认出土匪头目。长官大声训斥土匪，问谁是土匪的首领，土匪们全都低着头不吭声。这个时候，长官想出了一个妙计，大声说了一句话，果然使所有土匪都看向了首领，结果长官把土匪头目抓了起来，又把整个土匪编队都解散了。那么，长官到底说了什么，让所有的土匪都第一时间看向首领呢？

真相

长官说："作为土匪头目，你怎么能抢先逃跑呢？"这句话使得其他土匪都第一时间看向土匪头目，这样一来，长官自然就知道谁是土匪头目了。

神奇的马尾巴

一支商队长途跋涉到达沙漠腹地，向阿拉伯人卖出了货品，交换了很多的金子。然后，商队全体成员又结伴返回。才走到沙漠的边缘，来到一片杨树林，他们之中突然有人喊道："有人偷了我的金子！"沙漠里没有别人来他们身边，也没有陌生的旅客，这就意味着小偷就在他们之中，但是如何才能知道谁是小偷呢？大家平日里一起相处，合伙做生意，互相猜疑和指责当然是不好的，那么，如何才能和谐地解决问题，这让首领感到非常为难。

思来想去，首领想出了一个好办法，他指着自己骑的白色高头骏马对大家说："我这匹骏马不但是千里马，还有特异功能，就是能够识别小偷。曾经我带人

来沙漠里做生意的时候，它就准确地辨认出了一个贼。当小偷抓住它的尾巴时，它就一定会嘶鸣；而不是小偷的人抓住它，它是不会吭声的。现在每个人都要轮流过去抓一下白马的尾巴，这样我就知道谁是小偷了。"听到首领的话，大家都去抓白马的尾巴。然而，白马始终没有嘶鸣。到底谁是小偷呢？正在大家都惊奇不已的时候，首领让每个人把抚摸过白马尾巴的手伸出来，很认真地闻每个人手上的味道。当闻到一个人的手时，首领指着这个人说："你就是小偷，快把偷走的金子交出来！"那么，首领如何知道这个人是小偷的呢？

真相

　　一个人如果抓住白马的尾巴，手上一定会沾染白马的味道。小偷很担心，轮到他抓白马尾巴的时候，白马真的会嘶鸣起来，所以他只是假装摸了白马的尾巴，而他的手并没有真正碰到白马的尾巴。这样一来，他的手上就没有白马的味道，所以商队首领自然知道他是那个做贼心虚的人。

不会撒谎的土地公公

　　一对窃贼从博物馆偷走了一批价值连城的宝物，因为主犯受到了警方的严密监控，所以就把这批宝物交给从犯，让从犯好好保管，等到风声过了再出售。警方一直对主犯进行审讯，主犯架不住警方的强大压力，最终供出了从犯，并且说所有的财宝都保存在从犯那里。警方马上找到从犯，从犯拒绝承认犯罪事实，他坚持说自己从没有参与过任何盗窃，也不认识所谓的主犯。警方告诉从犯："主犯已经说了你会把宝物藏在哪里，一旦我们把宝物找出来，你就无法推卸自己的罪责了。"

　　警方马上在从犯的屋子里四处寻找，还根据主犯的供认，对从犯家后花园中的水井进行了挖掘。结果，他们在水井周围挖掘了很长时间，也下到井底进行了探查，却没有找到宝物。这个时候，警察发现水井边缘有一些泥土的痕迹，想到从犯很有可能把宝物进行了转移。但是在这么短的时间内，把宝物转移到其他地方显然不可能，所以警察们齐心协力想出了一个好办法，那就是给从犯的后花园浇水。从犯的后花园里并没有什么植物，看起来非常的荒芜。警察们分片区给花园浇水，结果在浇到一块地的时候，发现那里的泥土干得很慢，而且水渍非常明显。警察们确定宝物一定就藏在这片土地之下，当即在那里挖掘，只挖掘到很浅的地方，就找到了宝物。那么，警察为何如此确定那里就是从犯的藏宝地点呢？

真相

　　从犯的花园荒芜且干涸，土地很缺水。遇到水，干涸的土地会很快地把水喝下去，但是如果泥土下面埋藏着东西，导致水路不通，则浇过水的地方就会出现更多的水渍。警察们挖掘出来的宝物正是用铁皮箱保存的，从犯压根儿没想过自己会被土地公公出卖了。

凶器到底是什么

宾馆的老板听到有两名旅客打了起来，而且打得非常凶，他很害怕，不敢敲门进去查看情况，而是赶紧报警，通知警察到场。在警察到来之前，有一名旅客已经被杀死躺在地上。显而易见，这是另外那名旅客所为，但是要想指控这名旅客是杀人犯，就必须找到杀人的凶器。然而，警察找遍了整个房间，都没有找到杀人的凶器，只有一个空的罐头盒子被踩扁扔在垃圾箱里。警察感到很纳闷，因为一个人力气再大，也不可能徒手空拳把人的脑袋砸烂。而死者的头部明显呈现出钝器所导致的伤口，这到底是如何形成的呢？

警察对嫌疑人进行了审讯，但是嫌疑人始终不愿意承认罪行，无奈之下，警察只好让嫌疑人自己反省，然后又去房间寻找证据。警察在旅馆的房间里翻来覆去，结果仍是一无所获。在回警察局的路上，警察觉得肚子很饿，想顺路去超市买包方便面吃。正在此时，他脑中灵光一闪：是不是罐头惹的祸呢？于是警察改变了主意，买了一盒罐头，当着嫌疑人的面吃了下去，然后把空罐头盒给嫌疑人看。嫌疑人脸色煞白，很快就交代了罪行。那么，警察到底是如何发现凶器的呢？

真相

空罐头盒子很难当作凶器来把人的头打碎，但是如果罐头本身是完整的，也就是说罐头里面还有东西，分量更重，这时用罐头来杀人就没有那么难了。警察买了一罐罐头，当着嫌疑人的面吃完里面的东西，是在暗示嫌疑人，警察已经知道了他的犯罪经过：在吃掉罐头之前把人杀死，然后又把罐头吃掉。

谁是真正的新娘

一个丹麦的大富豪，新婚不久就去了美国谈生意。他不知道自己的心脏有问题，所以到了美国后，因为受到了惊吓，也因为谈判进展不顺利，他突发心脏病，很快就死去了。他的合伙人马上通知了他的妻子，新婚的妻子飞速地赶到美国。然而，让合伙人感到非常惊讶的是，同时到场的有两位妻子，她们都声称自己是死者的妻子。这是为什么呢？因为死者是千万富豪，拥有很多的财富，合伙人没有办法识别哪位妻子是真的，只好通知了警长。听了合伙人的介绍，警长不由得感到好笑：听说有人抢钱的，可没有听说有人抢死去丈夫的，他很想来看一看，到底是谁在冒充新娘争抢死去的丈夫。

两个妻子都表现得非常悲伤，为丈夫的去世而哭红了眼睛。仅从表面看起来，警长没有办法判断谁才是真正的妻子。但是合伙人提供了一个非常重要的线索，那就是死者曾经告诉过他，他的妻子是一位钢琴家。想到这里，警长对两位女士说："请你们演奏一曲给我听，好吗？"两位妻子当即答应。金发碧眼的妻子很流畅地演奏了一首钢琴曲，警长留意到，这位妻子的左手戴着两枚钻石戒指。另外一位妻子演奏的钢琴曲，就像行云流水一般，她也戴着一枚钻石戒指，但不同的是，这枚戒指在女士的右手上。看到这两位妻子的钢琴演绎水平都这么高，合伙人心急如焚，暗中抱怨警长：都什么时候了，还有闲情逸致欣赏钢琴演奏。让合伙人没想到的是，第二位妻子刚刚演奏完，警长就指出：第二位女士才是这位死者的妻子。那么，警长为何这么说呢？

真相

　　按照美国的风俗，结婚戒指戴在左手上，而按照丹麦的风俗，结婚戒指戴在右手上。由此可见，后者才是死者的妻子。

夺命的望远镜

　　珍妮的妈妈很早就去世了，她的爸爸又娶了一个妻子，生了一个儿子。因为和继母相处不好，珍妮就来到修道院里生活。前一段时间，珍妮的爸爸因为身体出现了很严重的状况，为此立下了遗嘱，要把大部分遗产都捐献给修道院，让珍妮在修道院里安然度过一生。然而，这份遗嘱遭到了珍妮弟弟安哥拉的反对，他坚决不允许父亲把遗产都捐献给修道院，而想自己得到所有的遗产。如今，珍妮的父亲在医院里气息奄奄，但珍妮却被发现死在修道院里。珍妮的死法很奇怪，眼睛里有一根毒针，而正是这根毒针夺去了她的性命。

　　珍妮一直以来都很喜欢天文学，尤其喜欢用望远镜来观察星星，那么毒针是如何进入她眼睛里的呢？警长观察了案发地点周围的情况，发现不管从哪个角度，都无法把毒针射入珍妮的眼睛里。但是当天并没有人靠近过珍妮，所以凶手不可能是在现场杀人的，那么凶手到底是如何把毒针刺入珍妮眼睛里的呢？

　　警长针对珍妮的生活情况进行了调查，修道院的院长突然想起来一件事情，告诉警长："前些日子，珍妮的弟弟安哥拉来看过她。安哥拉这次的表现非常好，不像以往为了遗产的事情和珍妮争吵，珍妮高兴地告诉我，说安哥拉准备送给她一个天文望远镜，这样她就可以更清楚地看到星星。"听了院长的话，警长马上吩咐助手去案发地楼下的河里寻找，果然在河里找到了一个望远镜。警长马上命人抓捕了珍妮的弟弟安哥拉。但是案发时安哥拉根本不在场，他是如何作案的呢？

真相

　　安哥拉知道珍妮很喜欢用望远镜观看星星，因而就投其所好，用望远镜杀死了珍妮。在使用望远镜观看星星的时候，珍妮转动望远镜，毒针射出来，刺入珍妮的眼睛，珍妮猝不及防被毒针刺中，剧痛之下望远镜掉到河里，证据也就消失了。

失算的劫机分子

　　有一个恐怖分子对社会充满怨气，他想利用劫持飞机的方式来制造恐慌。为此，他早早地在飞机机翼上绑上炸弹，混在乘客之中上了飞机。等到飞机飞上高空的时候，他劫持了一名空姐，对着乘务人员喊道："不要过来，否则我就把她杀掉！"乘务人员以为这个人是危险分子或者精神失常，因而想出各种办法分散他的注意力，最终在一位乘客的帮助下，成功夺下这个人手中的尖刀，救出了空姐。但是，恐怖分子被控制之后，忍不住仰天长啸。他喊道："你们就算把我抓住也不可能活下来，因为这架飞机注定是要飞到地狱的。我早就在飞机机翼上安装了气压炸弹，等飞机降落的时候，这个气压炸弹就会马上爆炸，谁也别想活着离开飞机！"

乘务人员和乘客们得知这个消息后，全都惊慌失措，马上把这个情况告诉了机长。机长的经验很丰富，在得知这个情况后，他一开始非常担忧，勉强保持镇定，后来经过思考，他当即告诉乘客们："不要担心，我一定会让你们安全着陆的。"机长带着乘客们在空中兜兜转转，最终成功降落。劫匪很疑惑：气压炸弹是非常敏感的，但是在降落的时候为什么没有爆炸呢？你知道原因吗？

真相

　　气压炸弹在海拔低于2000米的高度会爆炸，但是，机长并没有在海拔低于2000米的机场降落，而是选择在海拔高于2000米的机场降落。这样一来，他就能够保证安全降落，避免气压炸弹爆炸。等到乘客们全都安全撤离之后，拆弹专家过来拆除炸弹即可。

不同寻常的乘客

　　一辆列车即将进站，女士惊慌地找到乘警，说自己的箱子丢了。乘警非常重视这个问题，当即在火车站出口的位置安排警务人员排查可疑人员，女士也在出口处等待着自己的箱子出现。

　　一名男士提着一个小小的行李箱往外走去，女士眼疾手快，一个箭步冲上去，抓住这个男士说："你拿了我的箱子！"男士看到女士并没有表示怀疑，也没有惊慌，当即承认："哦，对不起，我拿错箱子了。"说着，他把箱子还给女士，继续朝外走去。这个时候，乘警一个箭步过去抓住男士，马上把男士控制了起来。果然，这个男士是火车上的惯偷。那么，乘警为何断言这个男士就是小偷呢？

正常的旅客发现自己拿错箱子之后，有可能是因为箱子的长相差不多，所以他们会当场打开箱子进行检查，以确定箱子到底是自己的还是别人的。如果发现箱子是别人的，那么这意味着他们自己的箱子还在火车上，所以如果这名男士是普通乘客，那么在发现自己拿错箱子后，应该当即返回火车上找自己的箱子。但是这名男士把箱子还给女乘客之后，就直接朝着出口走去，而这正是偷窃行为暴露，急于脱身的表现。

追随爱人的农夫

自从深爱的妻子去世之后，农夫不愿意一个人苟活在这个世界上，几次三番想要自杀。但他是基督徒，基督徒是不允许自杀的，为此农夫感到非常痛苦，活着的每一天对他而言都是煎熬。如何才能够死去而避免自杀的嫌疑呢？他思来想去想出了一个好办法。

在妻子去世100天的祭日里，农夫采取了自杀的方式结束了生命，警察闻讯赶到现场，发现农夫的太阳穴中了一枪，正是这一枪夺去了农夫的生命。但是农夫身边并没有凶器，警察经过一番搜索，发现在10米之外的牛圈中有一把手枪。显而易见，这把手枪并不一定是凶器，因为死者在对自己的太阳穴开枪之后，是无法把手枪扔到10米开外的牛圈里的。为此，警察怀疑农夫的死是他杀而不是自杀。

这个时候，牧师来到农夫家里为农夫超度，看到农夫表情安详，甚至嘴角还带着笑意，牧师说："他是自杀的，他早就想自杀了。"警察百思不得其解，不知道农夫到底是如何在自杀之后把手枪弄到牛圈里的，难道农夫有帮手吗？警察对着牛圈看来看去，突然知道了手枪为何在牛圈里。

真相

农夫将鲜草编成绳子，把绳子的一端系在手枪上，另一端放在牛圈里。这样他在自杀之后，牛因为饥饿就会吃这根草绳，从而不停地拽着草编的绳子。当牛把绳子吃完时，手枪也就被牛拖到了牛圈里。

数学家杰夫之死

杰夫是一个穷困潦倒的数学家，他一直刻苦钻研数学，但是却没有什么成就，还为此失去了工作，变得身无分文。他只能租住在城市中的贫民窟里，他的房东是西米夫人。西米夫人有很多间房子，大多数都是隔断间，租住这些房间的都是一些游手好闲、不务正业的家伙，唯独杰夫与这些人截然不同。在所有的房客中，西米夫人最喜欢的就是杰夫，因为她知道杰夫是个正经人，想要做出一番事业，只是因为一直没有成就才穷困潦倒的。西米夫人还常常接济杰夫，每当杰夫缺衣少食、无以为生的时候，西米夫人就会给杰夫一些援助。

有几天的时间，西米夫人都没有看到杰夫走出房间，她担心杰夫生病了，便特意去查看杰夫的情况。才走到门口，西米夫人就闻到一股浓重的血腥味，透过门缝往里看去，没有任何的响动。西米夫人感觉很不好，当即通知警长到达现场，把门撬开。警长走进屋里，发现杰夫躺在地上，早就已经死去了。

法医对杰夫的尸体进行了鉴定，认为杰夫已经死去3天了。但令人奇怪的是，杰夫在死亡的时候，手中紧紧地握着一个铁丝做的圆圈，而且这个圆圈的形状并不圆，看起来非常粗糙，应该是杰夫在临死前挣扎的时候做的。那么，杰夫到

数学家杰夫之死

底想告诉人们什么呢？

　　警长问西米夫人附近居住的都是些什么人，西米夫人气得咬牙切齿地说："这里居住的都是一些罪犯，他们全都非常凶残狡诈、游手好闲、不务正业，只有杰夫一个人坚持研究数学，想要成为数学家。"警长若有所思，突然命令助手去314房间抓捕犯罪嫌疑人。助手不知道警长为何下这样的命令，但是知道警长一定有理由，当即去抓捕了314房间的人。经过一番审讯，314房间的人果然承认了自己的罪行。那么，警长是如何知道罪犯住在314房间的呢？

真相

　　学习过数学的人都知道，圆周率是3.14。杰夫正是利用圆周率告诉警长，杀死他的人住在314房间。不得不说杰夫是非常聪明的，如果不是枉死，未来一定会在数学领域做出一番成就。

消失的绿宝石

　　作为一名宝石经销商，借着这次珠宝展览的机会，托拉斯加最大的愿望就是把绿宝石卖出去。这次珠宝展销会，他没有弄得那么豪华，只是通知了少数的业内人士参加，因为他知道只要卖出那颗绿宝石，这次展销会就能赚得盆满钵满。

　　也许是因为这次展销会的规模不够大，档次不够高，参加展销会的人全都穿得非常随便，这让托拉斯加很失望。他看到有一个珠宝商穿着运动服来参加展销会，还有一个珠宝商穿着一件已经落伍的、过时的衬衫。最过分的是那个第一次来参加展销会的珠宝商人，他的两只袜子居然是不同颜色的，一只袜子是棕色的，一只袜子是绿色的。这让托拉斯加的心情更加失落，甚至对于卖出绿宝石都不寄予太大的希望了。

　　虽然如此，但展销会已经拉开了序幕，托拉斯加还是非常认真地向来宾介绍自己的产品。他隆重推出了绿宝石，并且把绿宝石和其他很多的宝石放在一起进行比较。在其他宝石的衬托下，绿宝石显得那么独特，颜色非常干净和纯粹。正当托拉斯加绘声绘色地介绍绿宝石的时候，外面突然传来一声刺耳的刹车声，原来有一辆汽车不小心撞到了路边的栏杆上。大家不约而同地把头转向街道的方向，等到几秒钟之后回过神来的时候，托拉斯加发现他桌子上的宝石不翼而飞了。包括那些劣质的宝石在内，所有的宝石都丢失了。托拉斯加第一时间封锁了现场，并且让警长进行调查。警长让助理在方圆几里之内进行搜索，结果在一处胡同中发现了一包宝石，这些宝石里唯独缺少了那颗举世罕见的绿宝石。那么，是谁偷了宝石呢？他既然是冲着绿宝石来的，为何又要把所有的宝石都偷走呢？托拉斯加苦思冥想，突然想到了问题的关键所在，他当即对警长说："警长先生，我知道谁是小偷了。"那么，你知道谁是小偷吗？

真 相

穿着不同颜色袜子的那个珠宝商就是小偷，因为他是色盲。在正常情况下，出席这样的正式场合是不应该穿着不同颜色的袜子出现的，正因为他分不清各种颜色，所以才会误以为自己穿的是一对袜子。也正因为他是色盲，所以他没法在诸多的宝石之中找到绿宝石，只能把所有的宝石都偷走，然后到户外让同伴把那颗绿宝石挑出来。

死去的女学生

在寒冷的冬季，已经接连下了好几天的雪，地面上铺着厚厚的积雪，很少有人出来行走。直到傍晚时分，雪才停下来，警长正准备下班，突然接到了报警电话，一个自称是本田教授的人告诉警长，他的学生小野被发现死在房间里。警长听说学生死了，马上开车去往学生公寓。案发现场非常干净，因为在这种雪天里人们很少出来，所以在室外，警长只发现了本田教授和小野的脚印。

本田教授是一个身材矮小的人，看起来精明强干。因为本田教授是第一个发现小野死亡的，所以警长决定先向本田教授询问情况。本田解释道："小野马上就要毕业了，她的论文正在改写之中，今天，她请我帮她修改论文，我让她去办公室找我，她说同学们都放假回家了，她不敢一个人走那么远的路。我也认为她独自出行的确不安全，因而就应邀来到这里帮她改论文。但是不管我怎么敲门，始终没有人出来应答。后来，我发现门没有锁，是虚掩的，就轻轻推开了门，结果就看到小野倒在血泊中。接下来，我就给您打了电话。"

警长看了看周围的环境，感到非常的费解，因为凶手不可能在雪天里不留下任何的行走痕迹，但是为何雪地上只有小野和本田的脚印呢？警长盯着脚印，陷入苦思冥想之中，突然间茅塞顿开，当即抓住本田。那么，警长如何断定本田就是杀人凶手呢？

真相

　　凶杀案发生的时候，雪已经停了，所以凶手没有办法掩盖自己在雪地上留下的脚印。雪地上只有小野和本田的脚印，说明小野拿着论文去找本田修改，而本田在杀死小野之后，背着小野回到了宿舍，这才打电话报警。在观察雪地上的脚印时，警长发现小野走过的脚印很浅，而本田走过的脚印却很深。为何瘦小的本田会在雪地上留下这么深的脚印呢？就是因为本田是背着小野行走的。

黑猫太阳帽之谜

　　这是一个美丽的岛屿，每年到了夏天的时候，都会有大批的游客过来游玩。为此，岛上的居民很少以种地为生，而是开了各种各样的商店，售卖太阳帽、遮阳镜及当地的土特产等。纳米导游在带着游客进行了一上午的参观之后，给了游客2个小时的午饭和自由活动时间。然而，到了集合的时间，他发现有一名来自美国的女游客没有准时回来，其他的游客也都说没有看到这名女游客。导游在四处寻找女游客无果之后，当即报了警。

　　警长在旅游团里进行调查时，有游客向警长反映，说这名女游客曾经在上午参观的时候抱怨岛上的太阳太毒了。得到这个信息，警长对岛上一些专门卖太阳帽的商店进行了排查。有几家商店说这名女游客确实来过，但是因为对太阳帽不满意，便离开了。在进入另外一家商店时，警长询问店主有没有看到过女游客，店主思考了片刻，对警长说："这个女游客的确来过，而且购买了一顶黑猫太阳帽。"说着，店长还把另外一顶黑猫太阳帽拿给警长看。警长看到黑猫太阳帽，心里隐约觉得有些不对劲，继续追问店主："在购买了太阳帽之后，这名女游客去了哪里？"店主说："那我就不知道了，她买了太阳帽就出去玩儿了，不知道去了哪里。"正在这时，警长突然指着店主说："一定是你杀害了她，抢劫了她的钱财，现在我要马上拘捕你。"说完，警长吩咐助手赶紧对这家店铺进行搜查，果然在店铺的后院里发现了女游客的尸体。那么，警长是如何断定店主是杀人凶手的呢？

真相

　　店主在撒谎，在很多美国人的心里，黑猫都是不吉祥的东西，所以来自美国的女游客一定不会购买黑猫太阳帽。警长由此断定店主是在撒谎，而且是为了掩藏不为人知的秘密，所以才会说女游客购买了黑猫太阳帽。

不翼而飞的古董花瓶

　　玛丽一直以来都很热情好客，而且她喜欢收集古董，所以每当邀请朋友们来家里参加宴会的时候，她都会把自己的古董展示给朋友们看。这一次，玛丽又举行了宴会，而且想让朋友们玩个通宵。然而，就在宴会进行到凌晨的时候，玛丽发现她家门厅里摆放的一个古董花瓶不见了。花瓶到底去哪儿了呢？来参加宴会的客人都还没有走，但是他们中已经有一些人准备离开了。玛丽很清楚，在他们离开之前，必须赶紧找到花瓶，否则等到他们陆陆续续离开后，就更无法追查花瓶的下落了。

　　玛丽第一时间通知了警长。警长到达现场之后，并没有急于寻找花瓶的下落，而是开始询问每一个客人。警长和几个客人进行了攀谈，第一个客人说他是最早到达的，和好朋友丽娜一起。丽娜也给这个客人做了见证，证实他们的确是最早到达的。第二个客人来得比较晚，但是他马上就要离开，因为他说妻子规定他必须在凌晨2点之前到家。看到这个客人火急火燎地想走，警长不由得皱起了眉头。

　　第三个客人来了之后一直在上网，因为他喜欢在网上打游戏。警长对他也很好奇，想不明白他既然是来参加宴会的，为何要不停地打游戏呢？但是看起来他说的是真的，警长调查了几个客人之后并没有获得想要的信息。眼看着时间越来越晚，不管是警长还是玛丽都没有理由要求客人们必须留在这里配合调查，为此警长允许客人们离开。就在丽娜走过去拿起自己的大衣准备离开时，警长突然喊道："丽娜小姐，请你留下来告诉我们花瓶在哪里。"丽娜听到警长这么说非常惊讶，作为主人的玛丽也对警长说："丽娜是我最好的朋友，绝对不会做出这样的事情。"警长微笑着对玛丽说："也许你很相信丽娜，但是你并不知道丽娜的真面目。"在警长的审讯下，丽娜很快把转移到外面汽车里的花瓶拿了回来。那么，警长是如何判断出丽娜就是偷花瓶的贼呢？

不翼而飞的古董花瓶

真相

　　丽娜和警长询问的第一个客人一样，都是最早到达宴会现场的。按理来说，丽娜的大衣应该挂在衣架的最底下，可为何会在最上面呢？这就说明丽娜在中间离开过。正是因为如此，丽娜的大衣才会挂在衣架的最上面。显而易见，丽娜隐藏了自己曾经趁着所有人不注意离开宴会现场的事实，一定是有原因的。

车轮的痕迹

　　警长每天早上都有晨跑的习惯。这一天，当警长跑步到偏僻的小路时，看到路上躺着一个人，奄奄一息，正在呻吟。警长赶紧过去查看这个人的情况，这个人告诉警长："刚才我正在走路，突然有一个人冲上来用刀刺伤了我，抢走了我的东西。"说完，他用手指了一个方向，就死了。警长赶紧通知助手过来看守死者，而他自己则朝着死者所指的方向追过去。他追了很久，追到一个岔路口。这个岔路口两侧都是坡地，到底应该往哪个方向去追呢？警长一时之间很犹豫：一旦追错了方向，就会错过追捕罪犯的最佳时机，导致罪犯逃之夭夭。他认真仔细地观察着，发现坡地上有黄沙，上面还有车轮印。

　　经过一番观察之后，警长发现左边的坡地上，前轮比后轮的痕迹要浅。而右边的坡地上，前后轮的痕迹差不多深。警长决定朝着右边追去，果然，他很快就抓住了气喘吁吁的凶手。

真相

　　骑着车子下坡的时候，前轮的重量很轻，后轮的重量很重，因而后轮的痕迹会更深。而当骑着车子上坡的时候，身体的重心会往前倾，所以前轮与后轮承受的重量相差无几，因此轮胎痕迹也是差不多的。嫌犯是在上坡，所以警长断定他是从右边逃跑的。

机智的乘务员

暑假到了，爸爸送皮皮回奶奶家过暑假，他们要乘坐6个小时的火车才能到奶奶家里。也许是因为平日里工作太过辛苦了，火车才刚刚启动，爸爸就在座位上睡着了。皮皮看着窗外的风景，欣赏着碧绿的原野，感觉心情好极了。他从小就生活在城市里，只有每年暑假才能到奶奶家里过农村的生活，他很喜欢农村里悠闲自由的生活，这也是他一到暑假就闹着要去奶奶家的原因。

火车行驶了一个多小时之后，来到了一个车站，停靠在站台。这个车站非常小，看起来很简陋，和大多数有天桥和地下道的车站不同，这个车站是个平地。列车停靠好之后，上上下下了一些人，几分钟之后又开始了旅程。这个时候乘务员开始检票，坐在皮皮前面的一个光头乘客拿出钱来要补票。乘务员问乘客："你是从哪一站上车的？"乘客回答："我就是从刚刚停靠的站台上车的。"皮皮忍不住要戳穿这个乘客的谎言，因为这个乘客是在起始站上车的，皮皮从一上车就看见了这个乘客。正在此时，乘务员问乘客："你是刚刚上车的，那么我问你，你是从地道上来的，还是从天桥上来的？"乘客没想到乘务员会问这个问题，一时间愣住了，支支吾吾地说："我是从天桥……不……不不……我是从地道上来的。"乘务员淡然一笑，对乘客说："好吧，从起始站补票。你有意见吗？"乘客满脸通红，只好补了全票。

真相

　　在刚刚经过的小车站上，既没有天桥，也没有地道，乘务员之所以这样问乘客，就是因为知道这个乘客想逃票，所以采取这样二选一的方式来误导乘客。如果这个乘客真的是从小车站上的车，那他一定能准确回答乘务员的问题。

文艺窃贼落网记

　　作为一个窃贼，罗森偷窃的东西和普通窃贼偷的有很大的不同。普通的窃贼不是偷钱就是偷物，但是罗森偷的却不仅仅是这些东西，他还常常顺手牵羊偷一些大作家的文稿，并把这些文稿卖出去换取大量的钱。最近，罗森瞄上了一个大名鼎鼎的作家，他知道这位作家的一部书稿正要收尾，而且一旦收尾，这部书稿至少能够卖出几十万的价钱。罗森一直在盯着这位大作家的书稿进度，生怕错过了偷窃的好时机。

　　得知大作家的书稿已经收尾了，罗森第一时间就出现在大作家住所的院墙上。那天晚上天气很热，蚊子特别多，罗森蹲守在院墙上看着大作家的书房，他盼望着书房里的灯赶紧关掉，那样就意味着大作家去睡觉了，罗森也就可以把作家的书稿据为己有。然而，作家似乎都有晚睡的习惯，到了很晚大作家还没有睡觉，罗森只能一直在外面等着。蚊子们蜂拥而上，都想喝罗森的血。罗森小心翼翼地把蚊子拍死，生怕惊动了大作家。很多蚊子被罗森拍死之后都掉在了地上，直到凌晨2点钟，大作家才回到卧室睡觉。罗森被蚊子咬得浑身都是大疙瘩，又疼又痒，看到书房的灯灭了，他兴奋不已，赶紧潜入书房，把作家刚刚完成的书稿偷走了。

　　次日，罗森就找到了一个书商，准备把书稿脱手。这个时候，警长找到了罗森，对罗森说："赶紧把书稿交出来！"罗森假装不明所以，反问警长："什么书稿？我不知道呀！"警长严肃地对罗森说："不要玩你那些小伎俩，我如果没有确凿的证据，是不会来找你的。"那么，警长是如何确定罗森就是窃贼的呢？

真相

　　作为一个窃贼，罗森在警察局里是有备案的。那天晚上，罗森因为被蚊子咬，所以拍死了一些蚊子，警长正是从这些蚊子肚子里提取了血液，证明这些蚊子都吸了罗森的血，所以才能直接找到罗森要书稿。

隐形的窃贼

　　大富翁最近一个人在家里居住，他的妻子带着孩子去外地旅行了。因为不会做饭，所以每当到饭点的时候，他就会点外卖，或者出去吃饭。吃了一段时间外卖之后，他觉得外卖的味道很不好，也没有营养，因而决定每天都去家门口的饭馆用餐。

　　大富翁很注重养生，一日三餐都很有规律，每天只要到了饭点，他就会准时去吃饭。大富翁不知道自己被一个窃贼瞄上了。他的家里收藏着一颗大钻石，窃贼早就蠢蠢欲动，想要将钻石据为己有。这一天，趁着大富翁外出吃饭的时候，窃贼潜入大富翁的家里偷了钻石。但是窃贼的动作有些慢，等到他把钻石处理完之后，还没来得及走出家门呢，大富翁就已经回家了。大富翁听到家里有动静，从窗外看到有个鬼鬼祟祟的人在家里，当即把门从外面锁上，把窃贼锁在房子里。他第一时间报告警长家里招贼了，警长带着助理火速赶到现场。警长马上就认出了屋子里的人是惯偷，当即质问窃贼："你在做什么坏事情？为什么出现在别人家里？"窃贼说："我的确想偷东西，但是我还没有得逞呢，主人就回来了。所以我只能两手空空准备逃跑！"警长可不相信窃贼的话，因为这个窃贼非常狡猾，已经作了好几次案，但每一次都侥幸脱逃了。

　　警长让大富翁检查屋子里是否丢失了什么东西，大富翁仔细检查过之后，发现屋子里的现金、金银首饰都没有丢失，而唯独丢失了那颗最贵重的钻石。警长质问窃贼："你把钻石放在哪里了？"窃贼说自己从没有见过什么钻石。警长在对窃贼搜身的时候，发现窃贼的口袋里有一根羽毛。警长不由得哈哈大笑起来，说："你既然不知道钻石在哪里，那我们只能先把你送到警察局，然后亲自把钻石找回来！"警长带着助理和大富翁来到窃贼的家里，果然找到了那颗钻石，那么，窃贼是如何转移赃物的呢？

真相

　　窃贼口袋里的羽毛是鸽子的羽毛，鸽子能够认路，所以窃贼让鸽子当他的助手，把他偷到手的钻石先转移到他的家里。因而警长和大富翁在现场对窃贼进行搜身的时候，才没有找到钻石。

第 5 章
思维缜密的推理

椰子也能杀人吗

　　一对年轻的夫妻来到海边度假，妻子是海洋生物研究员，丈夫是外科医生。他们平日里工作都很忙，一年之中难得有假期，为此他们十分珍惜度假的时光。傍晚时分，他们来到海边散步，沙滩上人很少，非常静谧，只能听到海浪扑岸的声音。

　　他们走到一棵椰子树下，正准备休息，这个时候妻子突然发出一声尖叫。原来，有个年轻人躺在椰子树下，头上还有一个已经干涸的血窟窿，看起来已经死了。年轻人的尸体旁边有个椰子沾满血迹，而且椰子树下还有一道浅浅的痕迹。妻子盯着痕迹说："这是椰蟹爬过之后的痕迹，看起来，是椰蟹咬断了椰子蒂，椰子掉下来砸中了年轻人的脑袋，年轻人才会死的。"丈夫觉得有些不可思议："什么？是椰蟹？它有那么大的力量吗？"妻子点点头："椰蟹有个'大剪刀'，很容易就能剪断椰蒂。"丈夫看着年轻人的尸体，说："真可怜，他也许只是在树底下休息，却没想到会遭此厄运。椰子那么重，从那么高的地方掉下来，又恰巧砸中头部，的确是能致命的。不过，他才死亡四五个小时，也就是说他是中午时分死去的，当时沙滩上应该有很多人，怎么就没有人发现他呢？""正中午的时候死的？"妻子惊讶地喊道，"那么他是被谋杀的！"

丈夫听着妻子斩钉截铁的判断，说："可是，你刚才还说他是被椰子砸死的呢！"妻子说："一定是有人杀了他，故意伪造成椰蟹作案的场景，目的就是逃避罪责。赶快报案吧，趁着凶手也许还没有逃之夭夭。"丈夫赶紧报案，那么，妻子是如何断定年轻人是被谋杀的呢？

真相

作为海洋生物研究员，妻子当然知道椰蟹的生活习性是昼伏夜出。椰蟹白天的时候会钻进海岸上的洞穴中，很少出来活动。只有等到夜幕降临的时候，椰蟹才会从洞穴里跑出来，四处觅食。白天，尤其是中午时分，椰蟹是绝对不会爬到椰树上剪断椰蒂的，所以妻子断言年轻人是被谋杀的。

小狗也会说出真相

一个春天的午后，阳光晴好，警长和往常一样开车四处巡视。当巡视到富人区时，警长看到一个鬼鬼祟祟的男人正从一栋豪宅的后门往外走，看起来有些惊慌。警长非常警觉，也很敏锐，当即喝令男子："站住！"男子装作无辜的样子站在原地。警长问男子："你是这个家里的人吗？"男子点点头，说："当然，我……我是的。"警长并没有因此就放松警惕，继续问男子："你为什么不走前门？"男子说："我刚好在后门附近，就出来了。"

这个时候，一只小狗从房子里跑了出来，对着警长狂吠，但对着男子表现出亲昵的样子，围绕着男子的腿转来转去。男子似乎找到了绝佳的"证人"，对警长说："您看，这是我家的小狗。"说完，男子还对小狗说："美美，你该回家了，

小狗也会说出真相

晚上回来我给你带好吃的，好不好？"小狗冲着男子摇了摇尾巴，又冲着警长狂吠几声，便走开了。警长险些就相信了男子的话，却看到小狗走到不远处的大树那里，对着树干抬起后腿，撒了泡尿。警长看着小狗撒尿的样子若有所思，对男子说："跟我回警察局接受调查，我会联系这家的主人去指认你的。"男子丈二和尚摸不着头脑，对警长狡辩："您看，小狗都认识我的呀！"那么，警长是如何知道男子是窃贼的呢？

真相

　　只有公狗才会抬起后腿撒尿，显而易见，如果男子真的是小狗的主人，就不会给一只公狗起名叫"美美"。小狗虽然与男子很熟悉，也很亲昵，这只能说明男子在来行窃之前，经常会带来食物喂小狗，所以小狗见到男子才会摇尾乞怜，向男子示好。

遥控的爆炸案

一个平常的午后，很多人都在家里午睡，却突然被巨大的爆炸声惊醒。就在市中心，一个女子在家里睡觉的时候，发生了爆炸案。警长马上赶到现场查明情况，发现女子的尸体已经被烧焦了，而且现场有很浓郁刺鼻的煤气味。法医当即对尸体进行了解剖，发现女子在死亡之前服用了大量的安眠药。显然，女子很有可能是自杀，即服用安眠药之后打开了煤气阀门，后来遇到不明来源的明火，而引发了爆炸。现场被严重毁坏，这样的推理倒也算是符合情理。

警长在经过思考之后，认为这起案件并不能简单地定性为自杀。警长百思不得其解："到底是如何引爆的呢？"经过对现场进行仔细勘查，警长发现女子的家里有明显被翻找过的痕迹，而且很多贵重的物品都踪迹全无。因此，警长认定这是一起谋杀案，决定找出凶手犯罪的蛛丝马迹。通过提取监控录像，警长把视线锁定在女子的男朋友身上。原来，当天早些时候，男朋友曾经到过女子的家里。然而，在对女子的男朋友展开调查的时候，警长发现女子的男朋友在爆炸发生的时候，正在几十公里外的工作单位。同事们都帮女子的男朋友证明："那天下午，他哪里都没去，只是打了一个电话。如果他真的是凶手，那么一定有帮凶。"同事们的证明让警长心中突然一动，他仔细检查了烧毁的电话，果然发现电话另有玄机。警长当即逮捕了女子的男朋友，并且马上展开审讯，让他认罪。那么，警长是如何断定女子的男朋友就是杀害女子的凶手呢？

真相

男朋友在案发当天和女友相会的时候，把安眠药投放在食物中给女友吃下，等到女友熟睡后，他便在电话上安装了短路装置，然后打开了煤气阀门，最后驱车回到工作单位，故意出现在同事们面前，让同事们都能够为他作出不在现场的证明。等到屋里的煤气达到一定的量，他就给女友打电话，这个时候在高浓度的煤气中，电话短路装置就发挥了作用，产生火花，引爆煤气，制造爆炸。

是谁偷了马

英国一家俱乐部最近购进了一批马，其中有匹马是纯种马，价格十分昂贵。这匹马到俱乐部才3天，就被偷走了。俱乐部马上报案，警长在经过一番调查之后认为，住在俱乐部附近的农夫有很大的嫌疑。为此，警长把农夫找来问话，想要找到农夫的破绽。

农夫得知马匹丢失的时间，说："我当时正在给我家的母骡子接生。它有些难产，所以我一整夜都没有睡，一直在照顾母骡子。可惜，母骡子还是死去了，小骡子也死了。"警长突然问农夫："你也饲养公骡子吗？"农夫点点头，说："是的，这样母骡子就可以和公骡子配种，生出小骡子。只可惜我没钱请兽医，否则我的母骡子和小骡子就不会死了。"如果你是警长，你会相信农夫的这一番说辞吗？

真相

农夫在撒谎，因为母骡子根本不会生产。母骡子和公骡子交配，也根本不会生出小骡子，而他撒谎的唯一目的就是掩饰自己偷马的罪行。

贼喊捉贼的所长

作为研究所的所长，詹品掌握了很多的研究机密。有一天，詹品打电话给警官："警官，我接到了一个恐吓电话，要求我把最新的研究成果交出去，他们将会在晚上8点钟来我家里取，如果拿不到，就会要我的性命。"晚上8点，警官准时到了詹品家，发现詹品昏倒在地上，他的身边有一块带有麻药的手帕。警官摇晃着詹品，詹品渐渐地睁开眼睛，他第一时间就查看了保险柜，发现保险柜里空空如也，研究成果不翼而飞，他马上捶胸顿足地哭起来："这可怎么办啊，文件丢了，这可糟糕啦！"

警官问："事情是什么时候发生的？不是要到8点钟吗？"詹品说："半个多小时前，他们冒充是检查水表的，骗我打开了门。我刚打开门，就进来3个男人，逼着我要保险柜的密码，我不告诉他们，他们就用麻药捂住了我的口鼻，接着我就什么都不知道了。"这个时候，警官看到电视机下面滚落着半个苹果，问詹品："这个苹果，是他们进门之前，你正在吃的吗？"詹品点点头，说："我很紧张，想吃个苹果缓解一下情绪。谁知，才吃了几口，他们就来了。"警官拿着苹果若有所思，突然问詹品："你还是坦白交代吧，你把最新的研究成果卖了多少钱？"詹品正想狡辩，警官说："不要狡辩了，我确定你卖的钱就藏在家里。"

警官的随从马上在詹品家里展开搜查，果然，在冰箱的冷冻柜里，找到了一大包人民币，足足有几十万。那么，警官是如何知道詹品在撒谎的呢？

真相

有完整表皮的苹果能够保存很长的时间，而被咬过的苹果，表皮不再完整，苹果里的多酚氧化酶与空气接触，把酚类底物氧化为醌类物质，醌类物质又聚合成为褐色素，为此苹果在被咬过之后，很快就会变色。詹品说他的苹果是半个多小时前吃的，苹果却没有变色，这正说明他在说谎，也让警官想到这是詹品在出卖研究成果后自导自演的一出戏。

盛怒之下的破绽

最近，警长破获了一个盗窃案，但落网的嫌疑人嘴巴很紧，死活不愿意透露把赃物藏在哪里，也不愿意说出任何与他有关系的人。随后，警长在嫌疑人的口袋里，发现了一个信封，信封上有一个女性的名字和地址。为此，他决定去碰碰运气。

他驾车来到信封上的地址，开门的正是一个年轻女性。这个女性对于警长的到来并不惊讶或者惊慌，而是表现出一副拒人于千里之外的样子。警长开门见山地问女性："你认识安德鲁吗？"女性想都不想就说："不认识！"警长自顾自地说着："安德鲁是一名抢劫犯，他刚刚盗窃了大量的金银财宝，应该已经让同伙藏匿起来了。"女性依然是一副冷漠的表情："我不认识你说的人，我希望你赶快离开我的家。"警长说："我真的希望你能认真回忆一下，因为这个地址是我从安德鲁的口袋里找到的。如果你不认识他，他怎么会有你的地址呢？如果你能协助我们找到安德鲁藏匿的珠宝，还可以戴罪立功呢！"

在警长的一番刺激之下，女性突然愤怒地喊道："请你们——马上——从我家离开，我再告诉你们一遍，我根本不认识安德鲁那个可恶的大骗子！从来都不认识他！他就该下地狱！"警长听了女士这番歇斯底里的话，脸上情不自禁绽放出笑容。警长说："那就请你讲一讲，安德鲁如何可恶，为何是个骗子吧！"女性诧异地看着警长，意识到自己的失误之后马上昏倒在地上。

　　如果这位女性真的不认识安德鲁，又如何知道安德鲁是个大骗子，而且非常可恶呢？由此可见，女性之前所说的不认识安德鲁的话都是在撒谎，而此时她已经在盛怒之下暴露了真相，根本没法继续为自己掩饰。

电话机就在那里

　　警长刚刚到达办公室，电话铃就响了起来。警长接起电话，话筒里传来焦急的声音："警察局吗？我刚刚接到我同事的电话，他说他失恋了，要自杀。我不知道他家的地址，您能根据电话号码查出地址去救人吗？"警长记下电话号码，火速查出地址，赶往自杀者家中。警长刚到自杀者家门口，报警的人也到了。

　　警长和报警人一起进入室内，看到自杀者正悬挂在屋子中间。报警人马上哭

电话机在哪里

天抢地起来，说："你怎么这么傻啊，为了一个不值得的女人就做出这么极端的事情，你怎么舍得丢下这个美好的世界呢！都怪我，我要是知道你家的地址，就可以马上赶来救你啦！"警长看着报警人，突然产生了一种奇怪的感觉。为了验证自己的感觉，警长在一张纸上写下电话号码，并对报警人说："我需要帮助，麻烦你帮我打个电话给法医，让他尽快赶过来！"报警人拿着字条马上上了二楼，进入卧室，打了电话给法医。等到他下楼的时候，警长当即给他戴上手铐，说："别在这里猫哭耗子假慈悲了，你就是杀人凶手！"报警人不知道自己哪里露出了破绽，感到非常惊讶。

真相

　　报警人口口声声称自己从未来过同事的家，还假惺惺地打电话到警察局，让警察根据电话号码查出地址，实际上他对于同事的家很熟悉，不用寻找就知道电话在二楼。那么，他为何要撒谎呢？是否要掩饰自己就是凶手的真相呢？无论如何，他居心叵测地撒谎，都是最大的嫌疑人。

无言的烟灰

　　王刚家境富裕，在公司里是一个高层管理者，事业做得风生水起。为此，他自带气场，走到哪里都虎虎生风，让人一看就知道是事业有成的成功人士。这段时间，王刚在外地出差，花费了很长时间才处理完公事。他很思念妻子和孩子，为此买了当天晚上的软卧，火急火燎地赶回家里。

　　王刚乘坐的是豪华软卧包厢，包厢里只有他一个人。正在他准备脱掉皮鞋换上拖鞋的时候，一个打扮妖娆的女人突然从没有关严的门缝里闪进来，对王刚说：

"先生，一看你就是有头有脸的人，我想，你应该把钱包交给我，否则我只要扯开衣服喊一声'要流氓了'，只怕你的一世英名就要毁于一旦，说不定还会面临妻离子散的悲惨结局呢！"王刚知道自己遇上了无赖，他没有慌张，而是点燃了一根雪茄，对这个女人说："你说的这个问题很严重，给我一点儿时间想一想吧，毕竟我钱包里有很多现金，我需要权衡一下怎么做才更划算！"这个时候，女人对王刚说："好吧，我可以等待，但是你可不要要滑头，就算你按床头的警铃也没有用，否则我一定让你死得很难看！想想吧，等到乘警赶来的时候，我衣服被扯坏了躺在你的床上，谁能说得清呢！身败名裂，一切都没有了。"王刚微笑着看着女士，说："你提醒得很对，我的确要慎重。"

王刚悠闲地抽着雪茄，吞云吐雾，丝毫没有表现出慌张的样子。想了有一段时间，王刚还是按了床头的警铃。乘警很快赶到包厢，那个女人已经扯开了自己的衣服，正哭得梨花带雨躺在床上呢。看到乘警来了，女人赶紧揭露王刚的罪行："就是他，刚才扯开了我的衣服，把我拖入包厢，企图非礼我。"王刚继续夹着雪茄站在门口处抽着，乘警看了看王刚，突然对女人说："你干这样见不得人的事情，就不怕被人耻笑吗？如果这位先生追究，你将会被以诈骗罪起诉。所以你是自己离开，还是让我们把你带到警察局去？"女人赶紧站起来整了下衣服，便灰溜溜地走了。

真相

　　乘警如何知道王刚并没有非礼这位女士呢？原来，王刚的雪茄上有着长长的烟灰，抽烟的人都知道，烟灰很容易掉落，必须纹丝不动才能保持在雪茄上。因而，这个女人对于王刚的指控根本不成立。

被视而不见的凶器

这天晚上，詹先生比平时回家早了许多。平日里，詹先生总是要到九十点钟才能回到家里，而这天，他完成了一个大项目，作为对自己的嘉奖，没有和往常一样加班，而是给自己点了一份大餐，准备回到家里大快朵颐。

就在准备吃大餐的时候，詹先生听到隔壁传来夫妻吵架的声音。隔壁住的是小两口，他们感情还算好吧，因为詹先生偶尔早晨离开家的时候，会看到这对夫妻手挽着手一起走出家门。争吵声很激烈，维持了一段时间后，詹先生听到了摔东西的声音，还听到一声男人的惨叫。接下来，就是死一样的沉寂。詹先生原本不想多管闲事，想着小两口也许此刻已经重归于好了，但是这寂静有些异乎寻常，难道和好之后不应该一起收拾东西，准备做晚饭吗？詹先生思来想去，决定打电话报警，让警长来一探究竟。

警长很快就赶到了现场，但是叫了很久都没人开门。就在警长说要破门而入的时候，满脸泪痕、脸色苍白的妻子打开了门，她的精神状态很不好，整个人表现出失魂落魄的样子。而她的丈夫，此时此刻就躺在地上，头上有一个很大的洞，洞周围的鲜血还是殷红的。屋子里不合时宜地弥漫着烤羊肉的香气，詹先生遗憾地想：原本准备享受晚餐的夫妻，就因为一时争吵而天人永隔。法医经过检查发现，死者应该是被一根类似于棒球棍的东西击中头部，导致失血过多而亡的。但是妻子拒绝承认杀人的事实，非说丈夫是不小心从高处掉下来摔伤的。所以，警长只有找到杀人凶器，才能给妻子定罪。那么，杀人凶器到底是什么呢？

真相

凶器就是那个散发出浓郁肉香的羊腿。在作为凶器使用的时候，这个羊腿被冻得硬邦邦的。看到丈夫死了，妻子非常恐惧，情急之下只好把羊腿放在炭火上烤，企图销毁证据。

撒谎的保姆

一个老妇人向警长报案，说自己放在家里的现金不翼而飞了。警长第一时间赶到现场侦查情况。警长问老妇人："最后看到钱还在是什么时候？"老妇人回答："下午5点钟前后。"原来，老妇人5点吃完晚饭后，就去洗澡了，等她回来的时候，就发现桌子上的钱不翼而飞了。老妇人去洗澡的时候，家里只有保姆在做家务活。所以，警长把保姆列为头号嫌疑人。

保姆就住在老妇人的家里，警长走到保姆的卧室门口敲门。过了好一会儿，保姆才打开门。看到门口站着警长，保姆并没有表现出慌张的样子，而是邀请警长坐到房间里的椅子上。这是一把藤椅，警长坐到椅子上，感觉椅子很凉。他询问保姆："5点前后，你在做什么？"保姆不假思索地回答："我一直坐在房间里做针线活儿，并没有离开，直到老主人说她的钱丢了，我才走出房间。"警长问保姆："你就坐在这把藤椅上吗？"保姆点点头。

警长沉思片刻后，严肃地对保姆说："请把你偷的钱交出来，我想这样总比我从你的房间里把钱搜出来更好！"那么，警长如何断定保姆就是偷钱的人呢？

真相

如果保姆坐在藤椅上做了一个小时的针线活，那么藤椅就会变得温热。但是警察坐在藤椅上的时候，却感到椅子非常凉，这就说明保姆在撒谎。在警长到来之前，保姆一定在慌张地藏钱，根本没有坐在椅子上。

盲人抓小偷的本领

作为大名鼎鼎的钢琴家，乔治实际上是一个盲人，但是他的钢琴演绎水平非常高，在很多次比赛中都荣获了至高无上的奖项和荣誉。这是因为乔治的耳朵非常灵敏，虽然他看不见钢琴，但是却能够通过抚摸琴键进行演奏，感受到钢琴的韵律。

有一次，乔治和一个侦探朋友一起参加晚宴。在晚宴上，主人邀请乔治演奏一曲钢琴曲。乔治在演奏完之后，告诉主人："你的钢琴有一个键音不准。"主人感到有些难堪，赶紧说："我会找人来校准它，现在我们来跳舞吧。"这个时候，屋子里的灯光暗了下来，周围也响起了舒缓的音乐，正当大家在舞池里跳舞的时候，楼上突然发出"扑通"一声。主人马上意识到也许有小偷进入房间，大家全都停下了舞步。

这个时候，主人和探长马上冲到楼上去捉贼，但是楼上一片漆黑，很难看到

真实的情况。探长把乔治也带到楼上，乔治一进入发出声音的房间就凝神细听。突然，他用手指向小偷藏匿的地方，探长按照乔治的指示，马上扑向那个方向。果然，探长抓住了小偷。那么，乔治是如何听到小偷的藏身之地的呢？

真相

乔治是通过听座钟的声音感受到了小偷所在的地方，这是因为在小偷没有藏身之前，乔治听到的座钟声音很清晰，但是在小偷藏身之后，座钟的声音明显变得很弱，所以乔治就知道是小偷挡在了座钟前面，因而给了探长正确的指示。

离奇的死亡

一位绅士被发现死在办公室里，警长马上赶到现场勘查情况，发现绅士的手指上戴着结婚戒指，戒指下面有白色的痕迹。在对这位绅士进行调查之后，警察找到了三个嫌疑人：第一个嫌疑人是这位绅士的新婚妻子，她听到丈夫的死讯非常伤心。她说，她的丈夫是一个非常幽默风趣的人，而且在工作上的表现也非常好，她想不明白丈夫为什么要自杀。第二个嫌疑人是绅士生意上的合伙人，他与绅士已经合作了几年的时间，他们一个负责对外业务，一个负责管理内部。绅士在工作上尽职尽责，合伙人也不知道绅士为何要选择自杀。第三个嫌疑人是绅士的情人。警长通过调查绅士的通话记录，发现绅士和一位名叫艾琳的女士来往密切，通话频繁。警长马上去拜访了艾琳，艾琳非常激动地告诉警长："这个男人太可恶了，昨天下午他还和我在一起约会。我是昨天下午才知道他居然是有妇之夫，一直以来他都向我隐瞒了他已婚的真相，让我误以为他只是一个单身的男子。就在我准备接受他的求婚时，我发现他居然已婚了，这让我非常失望，我当即就提出了分手，并离开了他。"

警长思考这三个嫌疑人的话，思来想去认定其中一位嫌疑人具有最大的作案动机，你知道这个嫌疑人是谁吗?

真相

艾琳说自己刚刚知道这位绅士是已婚人士，实际上是在撒谎，因为绅士的手指上戴着结婚戒指，而当警长取下这枚戒指的时候，发现戒指下面有白色的痕迹，这就说明这位绅士并没有向情人隐瞒他结婚的事实，反而是情人因爱生恨，杀死了绅士。

谁是真正的妈妈

天还没亮，县官老爷还在睡梦中呢，县衙门口就响起了击鼓鸣冤的声音，一声紧似一声。原来，两个农妇正在抢夺一个刚刚满月的男婴。看到两个农妇各执一词，县官老爷一时之间也分不清楚这个男婴到底是谁的孩子。正在这个时候，县官老爷计上心来，对两个农妇说："那么，你们两个人就各凭力气来抢夺这个男婴吧！谁抢得了这个男婴，谁就是这个男婴的母亲，那她就可以把这个男婴带回家！"

其中一个农妇听到县官这么说，马上连连摆手，流着泪说："县官大老爷，不能这样啊，孩子还小，这样会伤害到孩子！"另外一个农妇高兴得龇牙咧嘴说："县官老爷，您真英明神武。"随即，第二个农妇就开始抢夺婴儿，丝毫不吝啬力气，使出浑身的力气。第一个农妇看到这样的情形，只得含着泪松开了婴儿。

抢到孩子的农妇非常高兴，她当即就对县官说："县官大老爷，我这就带孩子回家。"这个时候，县官猛地一拍桌子，怒斥道："你这个狠心的妇人，居然要抢夺别人的孩子。还对这么小的婴儿下手，简直太可恶了！"农妇很惊讶，说："县官老爷，是你让我们抢孩子的啊！"县官说："我让你们抢孩子，就是想看看谁是真正心疼孩子，不想伤害孩子。这个人就是孩子真正的母亲，事实证明你是那个居心叵测，想要把孩子带离母亲身边的人。来人啊，带下去打20大板！"

真相

真正的母亲会顾及孩子的安全，不会为了得到孩子就置孩子的安全于不顾。所以那个不惜力气抢夺孩子的农妇并不是孩子的母亲，而那个流着泪宁愿失去孩子也不想伤害孩子的农妇才是孩子真正的母亲。

肇事逃逸的年轻人

一个夜晚，有个年轻人喝了点酒，在驾车回家的时候感到非常疲倦，一不小心把一个行人撞倒了。这个年轻人非常害怕，他当即驾车逃到家中，把车子停好之后，他对车子进行了仔细检查，他发现车子并没有任何碰撞的痕迹，也没有划痕。年轻人决定隐瞒这件事情，他故意把轮胎刺破，又换上睡衣坐在客厅里看电视。就在他快速做完这一切之后，他家的门铃响了，原来警察已经根据监控录像找到了他。

警察询问年轻人："你刚才在干什么？有监控录像显示，你的车子刚刚经过一段道路的时候，撞倒了一位行人，我们希望你能够跟我们去警察局配合调查，也对这位行人做出赔偿。"年轻人心里很慌张，但是他表面上装作一本正经的样子对警察说："你们一定弄错啦，我整个晚上都在家里看电视。而且我的车子轮胎坏了，所以我没有办法开车出门。"

警察走到客厅里摸了摸电视，笑着对年轻人说："你的电视擦得还挺干净。"随后，警察又跟着年轻人来到车库里检查车辆的情况，看到车子的轮胎真的如年轻人所说的那样，已经泄气了，警察让年轻人打开机箱盖，对车子进行一番检查。年轻人忍不住暗自得意：我的车子没有任何出过车祸的痕迹，就算你们检查，我也不害怕。但是就在年轻人心中松懈的时候，警察突然脸色一变，对年轻人说："你就是肇事者，赶快跟我们走一趟吧！"那么，警察如何断定年轻人就是肇事者的呢？

真相

　　警察通过触摸电视，发现电视机是凉的，由此知道年轻人是刚刚打开电视，而并非整晚都在看电视。警察又打开车辆的机箱盖摸了摸，发现发动机是热的。这就说明车子并没有一直停在车库里，而是刚刚才开回来。正是因为这些线索，警察才断定年轻人就是肇事者。

黑暗中的沐浴

一对年轻的情侣在争吵的时候，女孩因心脏病突发而死。男孩非常害怕，生怕警察认定他对女孩的死负有不可推卸的责任，因而决定趁着夜深人静的时候把女孩的尸体送回家。

女孩的家住在很偏僻的地方，男孩费了一番周折才把女孩送回家，幸好没有被人发现。为了让女孩看起来是意外死亡，男孩伪造了现场。因为怕被人发现，他借着黎明的微光，把女孩的尸体放在浴缸里，然后又清除了自己留下的痕迹。在做完这一切之后，他才回到自己的家里，忐忑不安地等待着消息。

次日，邻居发现女孩死亡，赶紧打电话报了警。警长带着助手到现场勘查情况，助手经过一番检查，确认女孩是突发心脏病死亡的。但是，女孩死亡的时间是在前一天晚上11点到12点之间。听到死亡的时间，警长陷入沉思，他抬起头来说：“这个女孩虽然是突发心脏病死亡，但是一定不是死在浴缸里的。”那么，警长为何会如此判断呢？

真相

如果女孩是在深夜里沐浴的时候突发心脏病死亡，那么在沐浴的时候，她一定会打开灯。但是男孩把女孩送到家里的时候，因为怕被别人发现，所以并没有开灯，而是一直摸着黑，借着微光来做事。警长发现了这个不合情理的疑点，因而才断定女孩是在死后被人送回家里，伪装成沐浴的时候突发心脏病死亡的。

急于摆脱弟弟的哥哥

有一对兄弟俩，哥哥很勤奋，生活得很好，非常努力地经营着一家公司，家产越来越多。虽然和哥哥是一母同胞，但是弟弟却是一个好吃懒做的家伙，因此总是过着有上顿没下顿的生活。在父母的要求下，哥哥不得不帮助弟弟，但是哥哥心里很厌恶弟弟。哥哥为弟弟安排了看家护院的工作，又让弟弟在他的别墅里负责保卫安全的工作。一开始，弟弟很珍惜这个来之不易的工作机会，每天都尽职尽责，时间长了，弟弟发现小区里的物业其实很负责任，保安也很积极，就渐渐地疏忽了

职责。昨天晚上，弟弟外出和别人喝酒，喝得半醉才回到别墅里。刚刚回到别墅，弟弟就发现别墅里遭了窃贼，因而马上报了警。

　　警察很快赶到现场，对家中失窃的情况进行了详细检查。发现哥哥最喜欢的一把金匕首丢失了。警察觉得很疑惑，因为别墅里有很多贵重的物品，还有一些现金，可为何单单丢失了金匕首呢？弟弟告诉警察，哥哥非常在乎这把金匕首，曾经对弟弟说过如果因为玩忽职守导致金匕首丢失，弟弟就必须马上引咎辞职。

　　为了验证相关的情况，警察第一时间打电话给哥哥。哥哥正在外地出差，接到警察的电话，听说家里失窃，哥哥马上气愤地说："这个该死的家伙，我告诉过他很多次，一定要看好我的金匕首。如今他把我的金匕首弄丢了，他只能另谋高就，我再也不会信任他了。"警察听了哥哥的话，思考片刻，对哥哥说："既然你的目的已经达到了，那就把金匕首物归原处吧！"哥哥很惊讶，他不知道警察为何知道了真相。

警察只是告诉哥哥他的家里失窃了，但是哥哥却脱口而出弟弟弄丢了他的金匕首，并且决定辞退弟弟。那么哥哥是如何知道家里失窃情况的呢？原因只有一个，那就是哥哥是这场失窃案的实施者。而他这样做的目的就是要名正言顺地把弟弟辞退。

寻找凶杀案的目击证人

最近发生了一起凶杀案，警长一直在忙着找线索，寻找目击证人。其实，警方对于凶手是谁已经心中有数了，但是他们需要目击证人提供确凿的证据才能对凶手进行抓捕。凶杀案附近的小路人迹罕至，只有当时经过这里的油漆工才有可能看到凶手的真实面目，但是油漆工拒绝承认自己看到了凶杀案。为了破案，警长几次三番想要说服油漆工出面当证人，但是油漆工总是拒绝承认自己看到了真相。

无奈之下，警长只好在那条小路上来回地走，因为从这条小路看案发现场的视野非常好，无论走到哪里，都能看到案发的经过。经过仔细观察，警长发现小路上滴落了一些白色的油漆，而且这些油漆还有一定的规律，即在道路的前半段，这些油漆是每走两步滴下一滴，而在道路的后半段，则是每走五步才滴下来一滴。警长恍然大悟，当即把油漆工喊来查看道路的情况，并且找到了确凿的证据证明油漆工的确看到了凶杀案的经过。那么，警长为何这么说呢？

在前半段路上，是每隔两步滴一滴油漆，这说明油漆工是在以正常的步速行走，但是在后半段道路上，却是每隔五步才会滴一滴油漆，这意味着油漆工看到了让他恐惧的事情，所以才会突然间奔跑起来，导致油漆滴落的距离改变。

不同寻常的冰块

小凤是一个神偷，她正是借助女性不容易引起警惕的特点四处行窃。如今，她已经在警察局那里挂了大名，警长只是因为还没有抓到她行窃的确凿证据，所以没有对她进行抓捕。即便如此，小凤也没有收敛，听说最近有一个大型的珠宝展示会，小凤决定最后再去狠狠地捞一笔，然后就金盆洗手过安稳的生活。

小凤当然知道自己从一开始就被警长瞄住了，也知道警长的防守很严密。即便如此，小凤还是在珠宝展示会上偷了好几颗大钻石。到了家里之后，小凤很清楚警长发现钻石丢失会马上对她进行调查，那么，如何才能把钻石藏得天衣无缝，让警长怎么也找不到呢？小凤思来想去，决定把钻石藏在一个绝妙的地方，而且她很肯定警长一定不会找到这些钻石。小凤把钻石冻在冰块里，因为钻石是透明的，冰块也是透明的，所以根本无法发现冰块里的钻石。做好这一切，小凤心安理得，等着警长来搜查她。她相信自己一定能够避开警长的搜查。

警长来到小凤家里，开门见山地说："江洋大盗，还是赶紧把钻石交出来吧！你在珠宝展示会的现场已经留下了影像，我们现在只要找到钻石，就可以给你定罪，立即抓捕你。这样一来，你的好日子也就结束了。"小凤不以为然地说："当然，如果你能在我家里找到钻石，我就乖乖地跟你回警察局去吃牢饭。"看着小凤气定神闲的样子，警长知道小凤一定做好了万全的准备。警长在小凤家里搜了个遍，也没有发现钻石的踪迹。这个时候，小凤主动邀请警长："天很热，我请您喝杯冰镇可乐。"小凤打开冰箱，拿出了冰可乐，倒满了杯子，然后又从冰箱里拿出一些冰块分别放在杯子里。警长密切观察着小凤的一举一动，小凤心里暗暗打着算盘："我把带有钻石的冰块放在自己的杯子里，这样就算冰块融化了，钻石在可乐里也根本看不到。"这个时候，警长发现小凤杯子里的冰块沉在了底下，而他们杯子里的冰块却漂浮在上面。警长似乎知道钻石在哪里了，对小凤说："我很想尝一尝你那杯可乐的味道！"小凤有些紧张："难道你认为我会在你的杯子里下毒吗？我可没有那么愚蠢！"警长笑起来："不是的，我只是想尝一尝加了钻石的可乐是什么滋味！"

真相

　　冰块里有钻石，所以比较重，在放入装满可乐的杯子之后就会沉底，但是普通的冰块则会漂浮在可乐上层。警察正是通过观察，知道了小凤放到自己杯子中的冰块另有玄机。

消失的钻石

　　作为一名经营钻石的珠宝商，小波的警惕性还是非常高的，如果不十分信任，小波是不允许朋友来家里做客的。最近，小波在家里接待了一位很亲近的朋友，他就是小波的合作伙伴——斯坦福。然而，在小波把自己私人收藏的一颗大钻石展示给斯坦福看之后，却发现钻石凭空消失了。小波马上把失窃案报告给警长，并且告诉警长一定是斯坦福偷窃了钻石。警长经过一番推理，也认为斯坦福有很大的作案嫌疑，当即和斯坦福进行了接触。斯坦福表现出一副气定神闲的样子，他认为警长抓不住自己的任何把柄。

在警长对斯坦福的家进行搜查的时候，斯坦福借口头疼，吃下了一颗很大的药丸。警长搜查未果，只好准备收队。这个时候，警长发现斯坦福的脸上露出了得意的笑容，他马上意识到钻石在哪里，当即命令助手将斯坦福带回警察局。

在警察局，警长让助手买来很多粗纤维的食物，诸如芹菜、韭菜等。警长命令斯坦福吃下这些食物，斯坦福很抗拒，看到斯坦福的反应，警长更加确定了钻石的去向。次日清晨，斯坦福肚子疼，忍不住要大便，警长顺利地找到了钻石。

真相

　　警长看到斯坦福得意的笑容，知道斯坦福吃下去的大药丸里隐藏着大钻石，所以才命令助手把斯坦福带回警察局。这样一来，斯坦福在排便的时候就会把钻石排泄出来，他的偷窃事实也就确凿无疑了。

到底是谁家的鹅

很久以前，有个农民在农闲的时候，挑着自己家里喂养的十几只大鹅去集市上卖。他把鹅分别装在两个笼子里，很快，集市上的人就买走了一些大鹅，转眼之间，满满两个笼子的大鹅就只剩下几只没有卖出去。眼看着日上三竿，到了正午时分，农民肚子饿得咕咕叫，所以他就挑着剩下的大鹅，去了一家饭馆吃饭。

很快，农民点的饭菜上来了，他饥肠辘辘，马上大快朵颐地吃了起来。吃完了饭，他付完了钱，正准备挑起大鹅离开的时候，饭馆的老板突然叫住他说："你为什么要拎走我家的鹅？"农民感到非常震惊，说："这些鹅是我的呀，我来你家吃饭的时候，把它们放在了饭馆的门口。"但是，饭馆老板坚持说大鹅是饭馆的，不允许农民把大鹅带走。农民和饭馆老板发生了争执，双方都坚持说大鹅是自己的。无奈之下，他们只好去找县官老爷主持公道。

看着农民和饭馆老板各执一词，县官老爷一时之间也弄不清楚真相，只好在其中和稀泥。这个时候，围观的人群中有一个书生突然喊道："让我来审一审鹅，鹅一定不会撒谎！"县官大老爷觉得这个书生简直太可笑了，暗暗想道："我又不知道真相，没法审，不过，如果他能够验证真相，也省得我在这里左右为难，最终还会落下埋怨。"想到这里，县官老爷问书生："你真的会审鹅吗？"书生点点头，县官当即命令书生审鹅。

书生说："审鹅之前，我先问问两位当事人。"说着，书生转向饭馆老板："老板，你们平日里给鹅吃什么？"老板说："我们饭馆里有很多残羹冷炙，所以鹅吃的都是剩饭剩菜，长得非常强壮。"书生又问农民："你家的鹅吃的是什么？"农民说："我家的鹅平时都是散养的，它们会在田地里找青草吃。"这个时候，书生让人拿出一块白布铺在鹅的屁股下面，然后书生煞有介事地对鹅说："鹅啊鹅，他们都说是你的主人，那么到底谁是你的主人呢？"围观的人都哄笑起来，大鹅伸长脖子嘎嘎地叫着。这个时候，书生耐心地等着，鹅却一直没有回答，只是偶尔叫唤两声。大概过了有半个小时，围观的人都已经等得不耐烦了，纷纷议论书生的脑子一定坏了，但是书生却气定神闲，表现出一副胸有成竹的样子。突然，鹅"扑哧"一声拉了一泡屎，书生看了看鹅粪的颜色，对农民说："这个鹅是你的！"又指着饭馆老板说："你这个人做生意不好好做，还想私吞人家的鹅，以后谁还敢去你家吃饭呢！"那么，书生是如何判断出鹅到底属于谁的呢？

真相

　　鹅吃的是青草，拉出来的粪便肯定是青色的，而且很稀薄。鹅如果吃的是残羹冷炙，那么拉出来的粪便就不会是青色的。看到鹅拉出来的粪便是青色的，书生马上就明白了鹅是属于农民的。

第6章
不可缺少的证据

"消失"的凶器

伯爵家的小姐非常美丽，有很多追求者和爱慕者，其中不乏对她爱得发狂的人。伯爵小姐的一个追求者叫于连，于连对伯爵小姐爱得死去活来，只可惜伯爵小姐并不喜欢于连，而且还命令家里的仆人只要看到于连来访，就把于连赶走。于连对伯爵小姐渐渐地由爱生恨，决定得不到小姐，就要把小姐毁掉。

一天中午，伯爵小姐正在午睡，于连爬墙翻入伯爵府内，进入小姐位于二楼的卧室，用一个锋利的器械刺破了小姐的喉咙。正在于连准备离开的时候，仆人正好路过，看到于连后，便惊声尖叫，惊动了家里人，把于连抓了起来。警长来到案发现场，也推断于连就是杀人凶手，但是他们找遍了于连全身，也搜索了伯爵的家，始终没有找到于连的杀人凶器。于连拒绝承认自己是杀人犯，而且对于警长找不到杀人凶器的事情表现得非常得意，丝毫不把警长放在眼里。

时间一分一秒地过去了，很快，小姐卧室外的走廊上，挂钟开始报时。这个时候，警长灵机一动，当即打开挂钟，喊道："我找到凶器了，于连，看你还如何狡辩！"那么，凶器是什么呢？

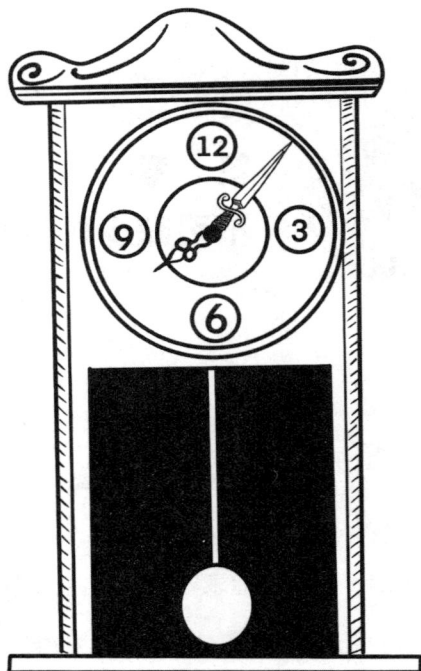

真相

凶器就是挂钟里面长长的时针。于连正是用锋利且很长的时针刺穿了小姐的喉咙，然后又把时针放入挂钟里面的。难怪警长把伯爵家翻了个底朝天，也找不到凶器。原来，凶器就在警长的眼皮底下，也正是因为是寻常的东西，不容易引人怀疑，所以才会从大家眼前"凭空消失"。

干净的粉刷匠

马太是远近闻名的小混混，他总是好吃懒做、游手好闲，还经常欺负周围的老百姓，所以大家都很讨厌他，恨不得躲他远远的。

　　一天晚上，马太被人杀死在街道上。警长接到报案之后，马上赶到案发现场查看情况，马太的尸体就在道路旁边，身上被人刺了很多刀，血流得到处都是。看起来，马太在临死之前和人进行了很长时间的搏斗，因为他的衣服都被撕坏了，指甲缝里还有很多的泥土。

　　警长看到马太死的街道就位于居民区之间，认为一定有邻居听到了马太死前和凶手的搏斗声。为此，警长马上对周围的邻居进行了调查，但是这些邻居们都说自己没有听到任何声响，而且也没有看到任何可疑人物。警长听到邻居们众口一词的否认，觉得很值得怀疑，甚至推测这些邻居是在保护真正的凶手。那么这些邻居之间，到底谁在撒谎呢？警长很确定在案件发生的时候，整个打斗持续了很长时间，一定会发出声响，所以周围必然有邻居是听到了动静的。

　　警长询问的第一个邻居正在除草，他说："我整个下午都在除草，在房子和草坪之间进进出出好几次，不过中间有一次我感觉到有些饿了，所以就回到房子里吃了一个三明治。我想这起凶杀案肯定是在那时候发生的，否则我为什么一点动静都没有听到呢？"

　　警长询问的第二个邻居是一个中年男性，他下午的时候正在擦玻璃。他说："我趁着失业期间在大扫除，不然等找到了新工作，就没有那么多的时间来清扫家里了。"警长看到这个男性的衣服的确湿漉漉的，沾满了水渍，虽然从他的院子里可以看到死者死亡的现场，但是他自称一边擦玻璃，一边思考着找工作的问题，所以有些心不在焉，根本就没有往道路上看。

　　警长询问的第三个邻居是一个年轻人，这个年轻人看起来非常和善，他正在粉刷自家院子里的栅栏。他对警长说："我整个下午都在粉刷栅栏，而且我平日和马太没有什么交集，很少关注他的情况。"警长觉得这个年轻人的穿着很清爽，让人看起来很舒服，因而忍不住多看了这个年轻人几眼：下身穿着一条干净的浅蓝色牛仔裤，上身穿着一件雪白的T恤，腰带上别着一个录音机，耳朵上还挂着耳机。警长忍不住想："这个年轻人在听音乐，应该也没有听到马太和凶手搏斗时的声音！"但是警长总觉得有些地方不对劲，他在认真思考之后，对这个年轻人说："你就是凶手，不要再狡辩了！"那么，警长如何知道这个年轻人就是凶手的呢？

真相

这个年轻人如果整个下午都在粉刷自家的栅栏，那么他的身上不可能没有任何油漆的痕迹，而且衣服非常干净。合理的解释就是，年轻人在杀了马太之后，回到家里换上了干净的衣服才出来假装在粉刷栅栏。

绑架自己的人

卡尔目前正和相处不久的女朋友同居。为了表现出对女朋友的信任，卡尔把自己的存折和很多贵重物品都交给女朋友保存。有一次，卡尔去外地出差，回到家里的时候，发现家门敞开着。卡尔非常紧张，还以为家里遭到了盗窃，赶紧三步并作两步地跑到家里查看情况。真是不看不知道，一看吓一跳，卡尔发现女朋友被人绑在座椅上，正在啜泣呢。

卡尔焦急地询问："怎么了，怎么了？"女朋友哭泣着说："亲爱的，快给我松绑吧！昨天晚上，家里遭了入室抢劫，他们把所有的钱和贵重物品都抢走了！"卡尔没有急于帮助女朋友松绑，而是安抚女朋友："先别着急，你的身上有劫匪的指纹，咱们不能破坏现场，我现在就报案，要求警察马上赶到现场进行勘查。"女朋友急得哭起来，但是卡尔坚持要等警察来了再放开女朋友。

警察很快来到现场，在进行一番侦查之后，盯着火炉上沸腾的水壶，问卡尔："这个水壶是你放在炉灶上的吗？"卡尔摇摇头，不知道警察是什么意思。警察问卡尔的女朋友："你说劫匪是什么时候入室抢劫的？"卡尔的女朋友眼睛里闪过一丝慌乱，卡尔就在旁边，她只能像此前告诉卡尔的那样回答："昨天晚上！"警察说："小姐，别再贼喊捉贼了。难道这壶水会从昨天晚上沸腾到现在，依然是满的状态吗？还是你有特异功能，可以让水一夜都不沸腾，而只等到早晨卡尔到家之前才沸腾吗？"在警长的一番询问下，卡尔恍然大悟。

真相

　　真正的盗贼就是卡尔新认识的女朋友。她想私吞卡尔的财产，因而采取这样的方式让卡尔误以为家里遭了盗贼。可惜的是，她百密一疏，早晨赶在卡尔到家之前临时设计了这个局，编造了前一天晚上就被抢劫的谎言，却被一壶开水出卖了。

金块去哪里了

　　有个江洋大盗从银行里偷取了大量的黄金，足足有一百多公斤，今日正准备逃跑。探长已经跟踪这个江洋大盗很久了，但是苦于始终找不到证据，无法对江洋大盗实施抓捕。近日，警长得到消息，说江洋大盗准备带着黄金逃之夭夭。一旦江洋大盗离开了国境，想要实施抓捕可就更难了，为此警长决定去拦截江洋大盗，无论如何也要找到他偷窃黄金的证据，把他逮捕归案。

　　警长赶在江洋大盗到达码头之前，拦截住了江洋大盗。然而，警员们把江洋大盗的汽车里里外外搜索了个遍，甚至把汽车轮胎都拆卸下来打开看过，始终没有找到黄金的踪迹。警长苦思冥想，江洋大盗得意洋洋："你们总不能没有证据就抓人吧，这可是法治社会！"警长突然一拍脑门，命令警员："把他带到警察局，把车子也开回去。"江洋大盗惊慌失措："你们无凭无据就要抓人，我要见我的律师！"那么，探长为何突然决定抓捕江洋大盗呢？那么多的黄金到底藏在哪里呢？

真相

　　警长一开始就进入了一个误区，即觉得黄金一定藏在汽车里，而实际上，黄金的量很大，很难藏匿，所以江洋大盗藏匿黄金的方式就是用黄金制造汽车，然后在表面喷上和汽车其他部位颜色相同的漆，这样一来，警长和警员们当然无法从汽车里搜查到黄金。幸好探长灵机一动想到了江洋大盗藏匿黄金的方式，才能抓捕江洋大盗，也把黄金物归原主。

选美冠军的离奇之死

　　最近，艾丽萨在选美比赛中获得了冠军，一时之间，很多人都来采访艾丽萨。然而，一天早晨，艾丽萨被发现死在卧室里，家人马上报案，警长火速赶到。经过对现场的仔细勘查，警长发现艾丽萨的脖子上有一道勒痕，断定艾丽萨是被谋杀的。警员们马上在别墅内外进行了搜索，却没有找到杀人的凶器，诸如绳子之类的东西。警长推测，凶手在行凶之后，很有可能把凶器带走了。

　　警长在艾丽萨的房间进行最后一遍检查，发现艾丽萨活着的时候，真的是一个非常美丽的女孩，不但五官端正、长相清秀，而且还有一头金色的齐腰长发，简直就像仙子一样。警长不由得端详着艾丽萨已经冰冷的面孔，突然间找到了凶器。那么，你知道凶器是什么吗？

真相

　　凶手在杀艾丽萨的时候，并没有专门准备凶器，而是用艾丽萨的满头金发勒死了艾丽萨，然后又把金发整理顺滑。难怪警员们找了很久都没有找到凶器，原来凶器就是艾丽萨的头发呀！

不会说谎的苍蝇

　　在一家博物馆里，正在展出很多从国外运来的画作，其中有幅油画创作于17世纪，价值连城。很多参观者都聚集在这幅油画前，非常用心地参观着，啧啧赞叹。博物馆对这幅油画采取了非常严密的安防措施，保证油画的安全，然而让人没想到的是，在展出的第二天清晨，油画就被盗了，只剩下一个相框挂在墙壁上，而且相框上爬满了苍蝇。

　　博物馆负责人第一时间通知了著名的警长，警长到达现场勘查完情况之后，当即检查了展览馆里的安防措施。警长发现，博物馆的安防措施非常严密，有人24小时负责值守。警长对于油画的失踪进行了思考，结合侦查到的情况，他认为，很有可能是当天负责值班的人员监守自盗。警长把这个怀疑放在心里，继续以例行公事为由对这些值班人员进行了仔细询问。

　　大多数值班人员在油画被盗之后，都非常紧张。他们想到油画是在自己值班期间被偷走的，很害怕会因此被追究责任。只有一个值班人员看起来气定神闲，丝毫也不慌张。他告诉警长："我是最后一个离开博物馆的，在我离开之前，我还看到油画好好地挂在墙上呢。但是我也不知道为什么一夜之间，油画会突然消失，肯定是江洋大盗的盗窃水平太高了吧！"

警长询问这个值班人员："其他值班人员都已经离开了，你为何还留在那里呢？"这个值班人员回答："在下班之前，我和同事们一起喝了奶茶，但是我的奶茶不小心洒了，我的衣服被弄湿了，所以我就把衣服简单清理了一下，用吹风机把衣服吹干后才离开的。"这时，警长突然明白了在博物馆墙壁的相框上为何会有那么多的苍蝇，他当即指着这个值班人员说："你就是偷走油画的人，赶快交代你把油画藏在哪里了！"那么，警长为何知道这个值班人员就是小偷呢？

真相

苍蝇喜欢甜腻的食物，即使是很轻微的味道，苍蝇敏感的嗅觉也能够闻到。苍蝇之所以围着画框不停地飞来飞去，是因为画框上留有奶茶的味道。奶茶正是这个值班人员手上沾染的，在偷油画的时候，奶茶的味道留在相框上，吸引了苍蝇。

机智的大律师

一天晚上，大律师正准备离开律师事务所的时候，一个劫匪突然冲了进来，拿着枪对着律师，喝令道："赶紧把钱交出来，否则我就杀了你，大律师！"看到这样的情形，律师一开始非常紧张，但是他冷静下来想了想，知道必须想办法自救，否则下场就会很惨。

律师知道这个劫匪看似是为钱而来，实际上却是自己的仇家雇来的，只是想以抢劫的方式要了他的性命而已。为此，律师问："你是谁派来杀我的？他给你多少钱？没关系，不管他给你多少钱，我都愿意出10倍的价钱给你。"劫匪一听说有10倍的钱可以拿，马上两眼冒光地问："真的吗？你能给我10倍的价钱？"律师毫不迟疑地点点头，说："你看看，我的律所一直都是做经济案件的，所以我的代理费是非常高的，我当然可以出10倍的价格给你。你只要告诉我对方给你出多少钱就可以。"

听到这句话，劫匪陷入沉思，律师抓住机会对劫匪说："不妨坐下来喝一杯红酒吧，我们也可以好好地商讨一下价格。"说着，律师给劫匪倒了一杯红酒，劫匪很警惕，他一只手拿枪指着律师，另一只手接过酒杯，把红酒一饮而尽。律师调侃道："如果你喝醉了，瞄不准我，这可不怨我。我现在就可以付你钱，如果你不放心的话。"劫匪听到现在就能拿钱，更加激动了，问："钱在哪里？"律师告诉他："钱都在保险柜里。"劫匪用枪顶着律师的脑袋说："你给我老实一点，否则我就让你脑袋开花。"律师小心翼翼地打开保险柜，从里面拿出一个厚厚的钱袋，对劫匪说："这些钱可以先当作定金，之后我会再给你更多的钱。保险柜里的现金只有这些。"劫匪马上伸手去拿钱袋，这个时候，律师拿起劫匪的酒杯，假装要给劫匪倒酒，却突然把劫匪用过的酒杯和保险柜的钥匙都锁到保险柜里。这样一来，保险柜就无法再打开了。这个时候，律师对劫匪说："好吧，现在你可以杀了我，不过你要知道，不管你杀了我之后走到哪里，警察都能根据证据抓到

机智的大律师

你。你就算得到再多的佣金，也根本没有机会把它们花出去。你确定你要继续杀我吗？"劫匪气得火冒三丈，打开钱袋一看，里面只有厚厚的票据，根本没有钱。律师对劫匪说："如果你现在离开，我可以不追究。"劫匪思来想去，只好灰溜溜地走了。

真相

律师所说的证据是什么呢？劫匪在红酒杯上留下了指纹，而此刻酒杯却被律师连同保险柜钥匙一起锁起来了，所以劫匪没有办法消除自己留在现场的证据。

漂浮着的茶叶

一天晚上，警长正准备下班，突然接到了报警电话。报警人说："警长快来啊，我的哥哥中毒身亡了。"挂断电话后，警长马上赶到案发现场，看到一个中年男性躺在地上。这个男人的皮肤颜色非常暗淡，看起来的确是中毒而死。报警人正是死者的弟弟，看到警长到来，弟弟非常紧张，激动地说："警察先生，我和我哥哥下午参加了一个宴会，因为他喝多了，所以我开车送他回了家。但是，到家没多久，他就突然倒在地上，不省人事。请您一定要找到凶手，为我的哥哥主持公道！"

警长对周围的情况进行了详细的检查，并没有发现异常。警长陷入思考之中，看到炉子上的茶壶里正煮着茶水，茶叶在上面漂浮着，警长赶紧让助手对茶水进行检查。助手经过检查之后确定，茶水里并没有毒素。警长问弟弟："你和你哥哥回家多长时间了？"弟弟说："我和他已经回家2个小时了。他有些喝多了，所以一回到家里，我就煮了一壶茶给他解酒。我想，我们都应该喝些茶水才能够尽快醒酒。"警长听着弟弟的话，脑海中浮现出这样的情形："茶壶的盖子打开着，的确有满满一壶热水，而且上面漂浮着很多茶叶。"警长让助手对茶壶提取指纹，发现茶壶上只有弟弟的指纹，而没有死者的指纹。警长当即指着弟弟，命令助手把弟弟抓起来，说："他就是真正的凶手！"弟弟当即反驳："警长先生，您不能冤枉好人，你有什么证据说我就是杀人凶手？"

真相

弟弟告诉警长他和哥哥已经回到家里2个小时了，而且是在刚刚回家的时候就开始煮茶。警长到达案发现场的时候，茶壶里的茶叶漂浮在上面，这就说明这壶茶是刚刚泡的，所以茶叶才不会沉底。这与弟弟说的已经泡茶2个小时显然不符合，那么，弟弟为何要撒谎呢？很有可能是弟弟在茶壶里投毒杀死了哥哥，然后又毁灭了证据，把有毒的茶叶水倒掉，而在茶壶里放入了干净的茶叶，重新泡了一壶茶。

纵火的画家

画家在森林里有一栋别墅，为了有良好的创作环境，他最近这段时间一直带着猫咪居住在别墅里。也许是因为久居别墅，深入浅出，感到乏味，所以画家准备外出旅行。为了保证别墅的安全，在出行之前，画家特意为别墅购买了巨额的保险，之后就背着行囊出发了。

然而，画家才走了半个月，旅行还没过半呢，就接到了警察局打来的电话。原来，画家的别墅突然间着火了，幸好下了一场大雨，才及时把大火扑灭，没有给别墅带来更大的损失。画家接到警察的电话之后，当即结束旅行，返回家里。看到家里安然无恙，只有很小的损失，画家非但没有表现出很放心的样子，反而有些遗憾。警察看到画家的反应非常奇怪，他当即对这场火灾进行了深入调查。别墅里没有易燃的东西，也没有线路老化的迹象，就连煤气都是关好的，所以说别墅完全没有理由起火。那么，别墅到底是因何而起火的呢？

在消防专家的帮助下，警长确定了起火的地点是在壁炉附近。但是壁炉里面什么也没有，根本没有使用过，而且起火的地方只有地板，没有任何火源，为何会起火呢？画家坚持说他在离开别墅的时候，别墅里一切都是正常的。警长经过仔细观察，发现在起火的地面上有破碎的鱼缸，而且鱼缸里的鱼也都死了，附近还有小猫的尸体。最终，警长判断画家就是真正的纵火犯，而目的是骗取高额的保费。那么画家是如何在旅途中纵火的呢？

真相

画家在离开家的时候并没有给猫咪留下食物，这样一来，猫咪饿极了，就会去抓鱼缸里的鱼吃。当猫咪把鱼缸打落在地上，地上的生石灰就会与水发生反应，从生石灰变成熟石灰，瞬间释放出大量的热量，引起木地板着火。画家在出门旅行之前给别墅上了巨额保险，如此，在他的巧妙设计之下，保险公司就只能进行理赔了。

绝妙的自杀

在寒冷的冬日里，滴水成冰，街道上行人稀少。警长在巡逻的时候看到有一个奇怪的黑衣男子，这个男子戴着鸭舌帽和墨镜，手里还拎着一个黑色的皮包。他行走的

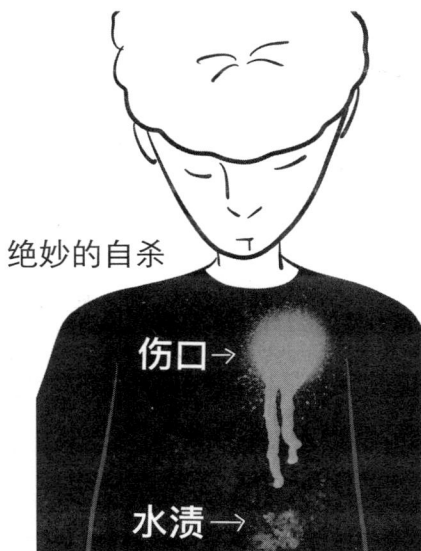

绝妙的自杀

伤口→

水渍→

脚步非常沉重，脸色也很凝重紧张，警长对这个人产生了极强的警惕心理，不由得跟在这个人的身后。这个人走进一家酒店，径直走向酒店的公共卫生间。警长生怕这个人会做出危害公共安全的事情，因此一直守在酒店卫生间的门口，从未离开。

时间一分一秒地过去了，大概半个小时，那个神秘的黑衣男子依然没有从卫生间里出来。警长意识到情况不妙，当即冲到卫生间里查看情况。在打开卫生间门的一瞬间，他看到了让人震惊的一幕。卫生间里有一具男性尸体，鲜血从胸口的伤口处汩汩而出。然而让人惊讶的是，酒店的卫生间没有窗户，而且警长一直都在门口守候着，根本没有别人进入卫生间，那么这个人到底是自杀还是他杀？

警长通过观察发现，死者胸前的衣服上不但有血迹，还有一些水渍，这让警长百思不得其解。警长对周围的环境进行了详细检查，确定没有凶手遗留的痕迹，也没有找到凶器。警长马上联系了死者的家人了解情况。在家人的诉说下，警长得知这个人刚刚为自己买了大额的人身保险，而且家境非常艰难。在经过一番思考之后，警长确定这个人是自杀，而非他杀。那么，这个人是如何自杀的呢？自杀的凶器又在哪里呢？

真相

　　这个人为了帮助家里摆脱贫困的状态，决定从保险公司骗保，所以精心伪造了凶杀的现场。但是他万万没想到警长在发现他有异常之后，一直跟踪他并且守在卫生间的门外监视他。他使用的是冰刀，冰刀在进入他的身体之后，由于体温很快就会融化，为此他胸前才会有水渍，而且凶器也会消失不见。

密室凶杀

　　中午，康耐特先生正在午休，听到门外传来很急促的敲门声。他睡得正香呢，被敲门声惊醒，非常生气，因而他愤怒地打开门，看着门外那个正在敲邻居门的年轻人质问道："难道你不知道现在是午休时间吗？"年轻人焦急地说："对不起，我是这个房间里女孩的男朋友。我一直在小声地敲门，她始终没有开门。我知道她就在房子里，但是打电话她不接。前几天我跟她闹了小小的别扭，对她提出了分手，我很担心她会因此而想不开，所以才大声敲门的。"

　　听到年轻人这个合理合情的解释，康耐特先生的怒气消失了，他也马上开始关心起屋子里女孩的安全。他建议年轻人联系物业过来打开房门，但是年轻人却说时间紧迫已经来不及了，说完年轻人就把门撞开。康耐特和年轻人一起走到屋子里，突然闻到一股浓浓的煤气味儿，年轻人大叫不好，赶紧去观察女孩的情况，这才发现女孩已经煤气中毒死去，而且女孩的床头还有一个装安眠药的空瓶子。康耐特第一时间要去打开窗户，却发现窗户都被胶布密封了起来。年轻人忍不住跪在女孩面前痛哭起来："我只是生气才和你提出了分手，并不是真的要离开，你又何必这么冲动呢？"看着年轻人伤心欲绝的样子，康耐特很同情年轻人。他马上打电话报了警，警察到场之后观察情况，初步断定女孩是有预谋地自杀，因为房间里的门窗上都粘贴着胶布。

可奇怪的是，警察在对这些胶布进行指纹提取的时候，发现胶布上没有任何指纹。警察感到很奇怪：一个下定决心要自杀的人，难道还会在临死之前擦去自己的指纹吗？为此警察觉得这不是一起简单的自杀案件，而是一起有预谋的凶杀案件。可是门窗都被胶布密封着，凶手是如何逃脱的呢？

这个时候，康耐特脑中灵光一闪，小声告诉警察："这个年轻人就是凶手，赶快控制他！"那么，康耐特是如何知道年轻人就是凶手的呢？

真相

　　年轻人之所以在午休的时间用力敲门惊动邻居，目的就是让邻居亲眼见证他撞开门进入室内的事实。实际上，年轻人在杀死女孩之后设计了密室的假象，也在门上粘贴了胶布，又从门离开。因为有邻居证实他破门而入，所以门上的胶布被撕坏，就没有人会考虑是凶手离开的时候撕开的。在这样的思维限制下，也就没有人怀疑年轻人就是真正的杀人凶手。

凋落的鲜花

十九年来，珍妮一直都在十字路口处卖鲜花。因为在十字路口待的时间长了，所以珍妮对附近的居民非常熟悉。有些居民每到固定的时间都会来买花，珍妮不需要他人开口，就会把老主顾需要的鲜花准备好。珍妮与老主顾之间相处得就像朋友一样。如果某个顾客在特定的时间里没有过来买鲜花，珍妮就会感到很不安、很担忧。

　　已经连续两个星期，詹姆斯先生都没有在周五傍晚准时过来买鲜花了。詹姆斯先生最喜欢买的是百合花，尤其喜欢白色的百合花。珍妮感到心里很不安，她很担心詹姆斯先生会有什么危险，为此把这件事情告诉了巡逻的大卫警长。大卫警长非常敏锐，意识到一个人保持了十几年的习惯突然间改变，一定有异常。为此，他决定亲自拜访詹姆斯先生。

　　大卫在詹姆斯先生的家门口敲了很长时间的门，都没有人回应，大卫有一种不好的预感，当即通知助手带着开门工具过来把门打开。打开门之后，大卫发现詹姆斯先生躺在床上，已经中弹死亡。詹姆斯先生始终都是独居状态，没有妻子和孩子。看起来，他是自己射中了自己，然后手枪掉落在地上。他为何突然之间自杀呢？难道詹姆斯先生在生活中遇到什么困难了吗？詹姆斯先生的家里除了有一些灰尘之外，非常整洁，难道是詹姆斯先生自杀之前特意打扫了家里吗？大卫带着这样的猜测，对詹姆斯先生周围的人进行了调查，大家都说詹姆斯先生在死亡之前并没有什么异常，这让大卫对于詹姆斯先生的死更加怀疑。

　　大卫又一次来到死亡现场进行勘查，发现地毯上非常干净。而且詹姆斯先生两个星期之前买的白百合已经枯萎，花瓣凋零。大卫沉思道：一个想要自杀的人，为何还要在死亡之前买花呢？万念俱灰，不想继续活下去的人，是不会买花的。这个时候，大卫脑中灵光一闪，想到了一件事情，不由得喊道："詹姆斯先生是被他人杀死的，他一定不是自杀！"那么，大卫为何做出这样的判断呢？

真相

　　百合花的花期并不长，即使在每天换水的情况下，也只能保持10天左右就会开始凋落。那么百合花枯萎了，花瓣理应掉落在地毯上，如今地毯却干干净净的，说明凶手在杀死詹姆斯先生之后，对地毯进行了打扫，顺便把掉在地毯上的花瓣清理了。

被谋杀的女星

一位大名鼎鼎的女星已经好几天没有走出公寓了。她的经纪人无论如何也联系不上她，一开始以为她是心情不好，所以把自己锁在家里闭关修炼，后来意识到女星有可能遭遇了危险，这才报了警。警察打开了女星家的门，发现女星并没有在房间里，因此马上对房间进行了搜查，这才发现主卧卫生间的门紧紧地关闭着。打开门之后，警察看到女星面目狰狞地坐在马桶上，已经死亡多时。女星的后背插着一把匕首，匕首上的血迹已经干涸。看得出来，女星死亡的时候非常痛苦，也十分恐惧。卫生间的门是反锁着的，这说明是有外来者入侵伤害了女星，所以女星才惊恐地逃到卫生间，把门反锁上。遗憾的是，卫生间里没有任何通信设备，所以女星无法进行求救。

警长对女星的房间进行了仔细搜查，并没有发现任何有价值的线索。显而易见，房间已经被凶手仔细地打扫过，消除了一切的证据。警长很想知道，女星在逃到卫生间之后，面对着门外的凶手时，在生命的最后一刻，是如何恐惧、紧张，想方设法求救的呢？警长忍不住坐到马桶上像女星一样，想象自己背后插着匕首，不知道生死将会如何。这个时候，警长脑中闪现出一种想法：我一定要留下线索，让凶手被绳之以法。在此之前，警察已经对卫生间进行了搜查，但是毫无收获。警长情不自禁地做了一个人在卫生间里都会下意识做出的动作，果然发现了女星留下的线索，顺利地抓到了凶手。

真相

女星在进入卫生间之后并没有死去，她能够把卫生间的门反锁起来，这就说明她还有一定的行动能力。但是凶手就在门外，女星不敢呼救，也不敢打开门，这种情况下她会如何做呢？她已经看到了凶手的样子，一定会在某个地方留下凶手的线索，警察在检查了很多东西之后，都没有发现任何线索，这是因为警察忽略了卫生间里的卷纸。警长坐在马桶上情不自禁地把手伸向卷纸，把卷纸抽出来之后发现了卷纸中隐藏着嫌疑犯的名字。嫌疑犯在对房间进行打扫的时候，因为女星把门反锁住，所以他无法打开门进行检查。警察在进行检查的时候，也忽略了卷纸。

被松叶牡丹花出卖的凶手

在炎热的夏天里，有一对年轻的情侣去河边散步，他们走到河边的草丛时，女孩忍不住惊声尖叫，因为草丛里躺着一个人，很像是一具尸体。女孩惊慌失措，赶紧让男孩打电话报了警，警察很快就赶到了现场。

警长对现场进行封锁后，进行了详细的检查，发现这个人的确已经死去了。他的旁边有一个背包，背包下面有一个空空的瓶子。化验结果显示，这个瓶子里面原本装着毒药。看起来，死者是因为想不开才来这里服毒自杀的。在助手得出这个结论的时候，警长却提出了不同的意见，认为这个尸体显得非常怪异。

年轻情侣一直在旁边观察案件的进展情况，法医决定当场对尸体进行检查，认定死亡时间。检查之后，法医断定死者是在十几个小时之前死亡的，也就是在前一天夜里。警长一时之间找不到案子的头绪，便让助手把尸体带回去进行深度解剖。就在助手移动尸体的时候，发现尸体的女孩看到尸体下面有几朵松叶牡丹花，已经被压扁了。女孩忍不住喊道："这不是自杀，是他杀！"警长惊讶地看着女孩，不知道女孩为什么要这么说。

被松叶牡丹花出卖的凶手

真相

　　原来女孩是一名生物学家，她知道松叶牡丹花只有在太阳出来之后才会开放。刚才法医说死者死亡的时间是在十几个小时之前，也就是前一天夜里。那么，这就意味着这个尸体是在被人杀害之后转移到这里的。

自我暴露的绑架者

　　清晨，警长才刚刚到办公室，就接到一个老者的报案。这个老者说他接到了绑匪的电话："你的女儿在我的手里，如果不马上准备100万美金作为赎金，我保证会把你的女儿杀死。"挂断电话后，老者马上和女儿学校的老师取得了联系，证实了女儿的确不在学校。老者惊慌极了，告诉警长他只有这一个女儿，他只想让女儿活命。警长在综合分析案情之后，安排老者先不要急于给绑匪钱，因为很有可能即使老者把钱给了绑匪，绑匪也会选择杀掉人质。老者当即表示："只要能保证我女儿的安全，你让我怎么做，我就怎么做。"

在警长的建议下，老者等到绑匪再次打电话来的时候，对绑匪说："我不能确定我的女儿现在还活着。所以你必须给我发一张我女儿的照片，证明她现在安然无恙。否则，你就别想拿到一分钱。"绑匪为了尽快拿到钱，只好拍了一张女孩的照片发给老者。老者收到照片之后马上交给了警长，警长把照片交给了技术科，很快就锁定了嫌疑人，并且成功营救出了老者的女儿。那么，警长是如何做到的呢？

真相

　　在给女孩拍照的时候，女孩的瞳孔中会有绑匪的影像，这样一来，通过现代的刑侦手段就可以分析确定绑匪的身材长相，从而在不惊动绑匪的情况下，对绑匪进行抓捕。

撒谎的男人

　　警长和助理为了侦破一起案件，正在国家森林深处寻找证据，这个时候，突然有一个全身湿漉漉的男人朝他们跑过来。男人边跑边喊："救命啊，救命啊！"警长和助理赶紧冲过去询问男人到底怎么了，男人语无伦次地对警长说："我的朋友……我和我的朋友在湖边散步，他突然一脚踩空掉入湖中，我下去救他，但是……但是没有成功，你们快帮帮我吧！"警长和助理马上跟着男人朝着湖边跑过去，大概15分钟才到达落水地点。

此时此刻，天气非常冷，男人指向的落水地方，的确有冰层破裂，但是这是零下二十几摄氏度的天气，所以湖水很快又结了薄薄的一层冰。警长看着结冰的湖面，无奈地说："落水的朋友肯定已经去世了，我们不能轻易下水，必须等待救援队到来才能够进行施救。"男人冻得哆哆嗦嗦，对着警长连连点头。警长马上脱下自己的外套披到男人的身上，但是在给男人披外套的时候，警长突然想起了什么，当即用眼神示意助理去控制这个男人。男人不知道警长为什么要控制他，很紧张地说："我怎么啦，你们为什么要对我下手？"警长严肃地说："因为你就是杀害你朋友的凶手，假装来求救，想让我们放过你。"那么，警长是如何发现这个男人的阴谋诡计的呢？

真相

　　警长和助理随着求救者一起朝着湖边跑去，用了15分钟。这说明距离男人的朋友落水已经过去半个小时，湖面上被砸出来的冰窟窿就结了薄薄的一层冰。而这个男人从湖面离开去寻求救援，再到回到湖面，他已经湿漉漉地暴露在空气中30分钟，他的衣服应该结冰才对，但是他的衣服却没有结冰。这说明这个男人杀死朋友投入湖底，然后又折返回来，在快到求救地点的时候才把自己弄湿。正因为如此，他的衣服才会湿漉漉的，还滴水，而没有出现结冰的情况。

消失的黄金

　　近日，一家银行的金库丢失了大量的黄金。警长马上开始追查，他确定窃贼在偷窃那么多黄金之后，根本无法成功地把黄金运输出去。因此，他相信黄金还在本市。他必须抓紧时间，赶在窃贼把黄金转移走之前找到黄金，否则损失就会非常惨重。

警长在全市布下了严密的防控，要求警员们必须各就各位密切监视，侦查是否有什么异常的情况。警员们深知时间紧、任务重，没有一个人偷懒，而是全员出动，在全市范围内展开了排查。有一个警员在一个仓库里发现了很多玻璃瓶，这些玻璃瓶看起来并没有什么异常，瓶子里装着黄色的透明液体。这些液体闻起来没有异常的味道，只是看起来颜色略微偏红。警员询问看守仓库的人玻璃瓶里装的是什么，看仓库的人摇摇头，表示对此一无所知，说："我也不知道是什么，是一个人让我帮忙看着的，说是化学制剂。"警员把情况报告给警长，警长马上赶去现场，在查看过这些玻璃瓶之后，警长若有所思。很快，他把看守仓库的人控制住，并且指控他就是偷黄金的盗贼。

真相

　　黄色的液体和黄金之间有什么关系呢？王水能够溶化黄金，所以这些液体都是用黄金溶解而成的，而看守仓库的人就是那个盗窃黄金的人，他用这种方式看着自己的黄金，避免被警察搜捕到。

鸡蛋里的钢针

夜晚降临，酒吧变成了狂欢的世界，警长和助理也在这群狂欢的人之中。最近他们因为审理案子压力很大，所以想来酒吧里放松一下，也寻找破案的思路。在嘈杂的环境中，有一桌客人非常喧哗，他们不时地大声呼喊，发出欢笑的声音。看起来，他们似乎正在玩一种非常刺激的游戏，警长和助理也凑过去观看。原来这些人在表演吞鸡蛋，打赌输了的人就要把整个鸡蛋吞下去。这个游戏的确非常惊险刺激，警长看得提心吊胆，生怕那个吞鸡蛋的人会被卡住。

有一个男人输了。他明显对于吞鸡蛋感到非常害怕，但是大家都在一旁起哄，他只好硬着头皮开始吞鸡蛋。他需要吞下六个鸡蛋，前面四个鸡蛋，他都吞得很顺利，但当吞下第五个鸡蛋的时候，突然间，男人的脸色变得特别痛苦，他的口中吐出了鲜血，而且不能说话，只是用手紧紧地卡住自己的脖子，蜷缩在地上，难受地呻吟着，围观的人见此情景都受到了惊吓，马上退到很远的地方。警长和助理凑上前去观察伤者的情况，这才发现男子的喉咙里有一枚长长的钢针，而且这枚钢针非常尖，已经刺入男人的呼吸道。警长不敢轻举妄动，生怕触动钢针伤害男子的性命，赶紧通知了救护车。救护车赶来，拉着男子呼啸而去，奔向最近的医院。鸡蛋里为什么会有钢针呢？这一定是有人故意为之。职业的习惯，让警长马上结束了放松和休息，开始进行调查。

警长经过询问发现，酒吧里经常会举行这样的活动，而所有的鸡蛋都是由一个叫卡尔的男人提供的。说起来，卡尔和这个受伤的男人还很熟悉，他们以前是一

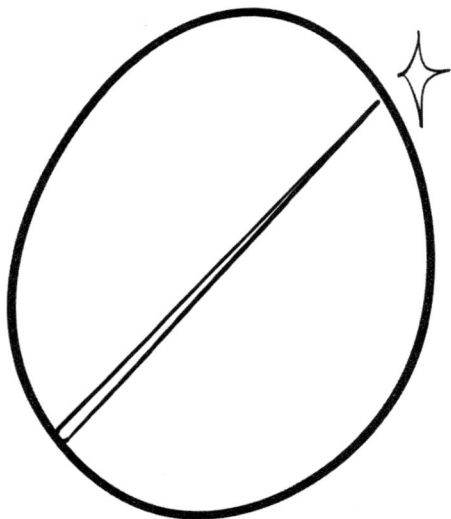

个公司的同事。警长马上将目标锁定为卡尔，但是卡尔拒绝承认自己想要迫害前同事。卡尔对警长说："鸡蛋里怎么会有钢针呢？这都是上帝的旨意，没有人能够把钢针放在鸡蛋里，否则鸡蛋壳就会破裂。"警长笑着说："如果我能把钢针放入鸡蛋里，你是不是就会认罪伏法了？"随后，警长亲手表演了把钢针放入鸡蛋的绝技。卡尔看到自己的罪行败露，只好承认了罪行。

真相

　　把鸡蛋放在醋里，鸡蛋壳就会变软，这个时候把钢针插入鸡蛋中，然后再把鸡蛋放入冷水中，蛋壳遇冷就会变硬，导致针眼闭合。所以从外观根本看不出鸡蛋被动过手脚，更想不到看起来完好无损的鸡蛋里隐藏着钢针。

参考文献

[1]冰夫.我的第一本侦探推理书[M].北京:中国纺织出版社，2016.

[2]黑羽.每天一个侦探推理游戏[M].北京:中国水利水电出版社，2019.

[3]侯海博.一分钟破案[M].北京:北京联合出版有限责任公司，2015.